情緒學習，
讓孩子成為人生贏家

做好自我管理、學習人際溝通、培養責任感

韓國 SEL 教育權威專家 **金昭娫** 김소연－著
CareMind 耕心學院知識長 **楊俐容**－審訂
馮燕珠－譯

suncolor
三采文化

目錄
CONTENTS

審訂序

成為孩子最棒的SEL教練

——CareMind耕心學院知識長、心理教育專家 楊俐容

身為一名期待孩子能夠「健康成長、快樂學習」的父母，你可能對STEAM、PBL，甚至更多教育改革風潮下，不斷推陳出新的教育觀念和學習方法耳熟能詳。然而，對於如何培養出樂觀積極、心胸開放，能夠從這些教育潮流獲益，並因此擁有幸福能力的孩子，內心是否仍然深深感到焦慮？如果是，那麼你一定要認識全球教育的重要趨勢：SEL。

SEL是「Social and Emotional Learning」的縮寫，也就是「社會情緒學習」。SEL具有深厚的心理學和大腦科學基礎，且經過相當多嚴謹的科學研究證明，確實可以有效提升孩子的社會情緒力。學過SEL的孩子，不只EQ高、人緣好、有自信，而且能夠獨立解決問題、做出明智的決定，甚至未來的學業成就和生涯發展，也都得到很大的正面影響。正因如此，聯合國從二〇〇二年開始大力倡導，希望各國政府都能將

ＳＥＬ納入課綱，讓所有的孩子從小就能學習這門終身受益的幸福學。

目前各先進國家，幾乎都是以學校為基地來推動ＳＥＬ，但不可否認，家庭是孩子學習情緒、人際，建立心理韌性的第一所學校。研究更清楚地指出，當父母懂ＳＥＬ，並且能夠把ＳＥＬ融入孩子的教育教養時，孩子學習ＳＥＬ的效果最好。可是，就連教育界人士對ＳＥＬ都還有點陌生，做為父母的我們又該如何學習、掌握其中的教育和教養方法呢？

非常慶幸的是，在美國有多年ＳＥＬ教育實務的韓國ＳＥＬ教育專家金昭娫，為爸爸媽媽們創作了ＳＥＬ教養好書：《ＳＥＬ社會情緒學習，讓孩子成為人生贏家》。作者在第一章就以淺顯易懂的文字，幫助讀者認識ＳＥＬ相關的重要知識。

接下來的三個章節，作者將ＳＥＬ五大能力，也就是「自我覺察、自我管理、社會覺察、關係技巧、負責任的決定」統整為三大部分。詳細閱讀後，發現作者的整理和我常以「情緒力、人際力、堅毅力」來幫助家長了解ＳＥＬ內涵的做法不謀而合，而每個章節都提供具體實用的教養方法，則讓家長更容易上手，可以輕鬆地在家實踐。

第二章「培養孩子的堅定自我」主題是堅毅力，說明什麼樣的親子關係、哪些教養方法可以培養出孩子的健康自我和做「負責任的決定」的能力。第三章「引導孩子了解自己的心」探討的是情緒力，除了說明情緒管理的重要觀念之外，也介紹了覺察情緒的方法，以及管理情緒需要掌握的幾個重要元素。第四章「培養懂得與人好好相處的孩子」強調的是人際力，廣泛的包含了與人交往、同理心、衝突處理……等人際技巧，也談到了人際互動中需要做出負責認定的課題。

在臺灣推動SEL教育二十多年，這期間陪伴過無數的孩子和家長，一起面對情緒困擾、行為失控，還有人際衝突等種種問題，也親眼見證了許多親子一起學習、共同成長的美好結果。誠摯推薦這本相當難得的SEL教養好書，透過閱讀與實踐，您將成為孩子最棒的SEL教練，幫助孩子擁有幸福大能力！

作者序

高EQ的孩子，學得好又幸福

曾看過一則報導，一位賣海苔飯捲的老闆為了讓餐廳自動化，投資了一千萬韓元購入海苔飯捲機器設備。隨著科技日新月異，社會上的人力需求發生變化是必然之事。事實上，由所謂「機器人律師」DoNotPay服務的付費用戶已經突破十五萬人；另外，同樣以分析大數據的方式提出療法建議的「醫療機器人」，遲早也會邁入商用。現在已經很難預測十年後的社會將變成什麼樣子，在變化如此頻繁的世界裡，像過去的學前教育那樣累積知識的方法，似乎已經沒有太大優勢了。因此，現在的父母應該重新思考，什麼樣的教育，才能讓孩子在元宇宙時代成為真正「無可取代的存在」。

上一代父母從小聽著「努力學習就會成功」這句話長大，對他們來說，情緒智商一直被認為只是成績或學歷的附帶領域，如果能兼顧就是為自己加分。但是，接受這種教育長大的父母，很多其實是在放棄了自以為想要的職業之後，才找到真正的幸福。因為即使取得了學歷、金錢、名譽等外在成就，若缺乏非認知能力做後盾，也很難對生活感到滿足。即使擁有再卓越的腦袋，也無法保證同時擁有堅強的心靈。

不過，神奇的是，情緒穩定的孩子通常也具備優秀的「學習能力」。因為能夠妥善處理情緒的孩子，不管在什麼樣的環境或外在條件之下都不容易動搖，具有默默朝向目標前進的內心力量。透過解決困難的過程，可以獲得認知能力以外的成就感和挑戰精神，建立學業上的自信，學習情緒也比較健全。因此，父母唯有努力幫助孩子培養強壯的心靈肌肉，才能讓孩子具備自主思考的能力，盡早意識到自己真正想要的東西，並投身其中。

觀察孩子的情緒，培養心靈的肌力，這對栽培未來需要的人才意義重大。這個世界有太多優秀的人，現在的孩子幾乎從幼兒園開始就會遇到「比自己優秀的同儕」，而且會持續面臨這種狀況。孩子若情緒智商不足，會不知道如何把注意力放在尋找自己的優點，很容易陷入與他人比較的深淵，導致他們不是在追求「自己」的標準，而是追求「別人」、甚至是「社會」的標準，造成負面思考機制開始運轉，認為自己什麼都做不到。而學習如何了解、關愛自己的孩子，會比觀察「別人」，更專注於觀察「自己」，因此，創造幸福生活的力量，始於培養堅實的自我，也就是能夠啟發孩子自尊感的教育，同時在這個基礎上進一步建立對他人的尊重與共鳴，這就是心靈教育「社會情緒學習」的核心。

我忘不了當年在美國擔任小學老師，第一次接觸到社會情緒教育時的激動心情。我常想，如果在我小時候也能接受這樣的教育，那麼或許會少花一點時間苦惱「什麼是人生的重要價值」這類問題。我覺得很遺憾，也因此希望這本書能讓現在的孩子不要像我們這一代，在成年之後才展開尋找自我的旅程。希望他們不要迷路，也不需要漫無方向地找路。

但我想強調一點，本書並不是把「美國式社會情緒學習」當作唯一答案。當然，書中包含了一些在美國學校及家庭中的實例，但我的主要目的是想介紹一個國家如何致力於孩子的心靈教育，而非對特定制度的讚揚。我相信對這個行動的意識，對我們在設定家庭教育方向上是很有價值的資訊，因而拋開心理壓力完成了這本書。

本書大致分為四大部分，先介紹美國教育為什麼將社會情緒學習視為「保障幸福的唯一教育」，接著講述以孩子為中心、幫助孩子成為自己心靈主人的情緒教育，還有與他人形成、維持關係的社交教育。其中包含了父母必須思考的理論，以及有助於在生活中實踐的活動等，以協助父母將社會情緒學習的核心價值傳達給孩子。

相較於一步到位，我認為父母更應該把重點放在建立尊重孩子情緒的態度上。在傳達核心價值之後，建議父母可以再重新翻閱，看看書中的事例，思考如何與自己的孩子共度時光。

在韓國，了解「社會情緒學習」的人並不多，不過我希望大家不要把這當作是為人父母必須背負的另一個新課題。在寫這本書的過程中，我們家也遭遇了數次「亂流」，雖然大都幸運地運用書中方法而成功平息，但也有幾次情緒大爆炸的時候，讓我反思自己是不是有資格來談這個主題。當我不是以老師的身分，而是以一個母親來面對孩子時，是完全不同的心情，我必須承認連我也很難完美地實踐書中的所有內容。但是每當這種罪惡感降臨時，我都會反覆告訴自己，現代父母成長的過程中，情緒智商只被視為附加選項，對於我們這些人而言，社會情緒學習當然是很陌生的東西。一旦接受了這個事實，我開始把焦點放在今後的實踐，而不是留在原地自責。所以，我希望所有閱讀這本書的父母們，在了解社會情緒學習的過程中，不要失去自己的溫柔。與其把我學到的東西原封不動地傳承下去，不如開拓即使困難也相信是正確的道路。有這種用心，就證明你已經把尊重孩子的情緒這件事放在心中了。

在此真心感謝Whale Book的金孝亶編輯，協助我將「愛自己、懂得照顧自己情緒的孩子一定能找到幸福」的信念化為文字。謝謝我的爸爸媽媽，幫助曾經心靈容易波濤洶湧的我了解、找到自己人生。還有讓我成為更完整的自己，並擔任家庭支柱的舒允。希望溫暖、開朗的D今後要記得好好體貼自己，比起聰明的人，媽媽更希望你成為幸福的人。我也希望各位看完本書後，能感受到我初次接觸社會情緒學習時的興奮之情，希望這本書能成為孩子們心靈成長的契機。

第 1 章

美國資優生都在學的
社會情緒教育

教孩子找到幸福的方法

資優生也會有自殺的念頭。當時我在美國資優小學擔任班導師不久，就遇到這樣的事情，帶給我很大的衝擊。對只有十歲的孩子來說，到底是什麼讓他如此痛苦？而且這事發生在資優生雲集的學校裡，更讓我驚駭莫名。

學校裡，孩子們來自不同環境、有不同經驗，同一班少則二十名、多則三十名聚在一起，彼此建立關係。透過新的經驗，讓原本的自我從家庭擴大到學校，而這個時期正是孩子們社會生活的第一階段。此時期的正向經驗經過國高中時期，會成為基石，建立成年後應具備的認知和社會技能，因此充實的小學生活和學齡前階段，可以視為是為了改變人生而準備的時間。

許多父母在孩子還沒出生就買了育兒書研讀，為了營造良好的教育環境而努力。當孩子要上小學時，父母的視線會從只放在自己孩子身上忽然擴展開來，隨時搜尋各種資訊，擔心沒做好準備會給孩子帶來不好的影響。實際上，如果上網搜尋關鍵詞「小學入學準備」，就能輕易找到以進入特定高中為目標的小學階段學習規劃、各科目必買參考書、必看的課外讀物等等。就好像在踏入未知世界之前，千方百計取得一個「安心背包」，裡頭裝著累積了許多「先遣隊」們的經驗，可以解決未來的所有問題。但是，就算按照標準模式學習，也許所有孩子都能上得了哈佛大學，但就算進了哈佛，也不能保障未來人生必定會幸福。因為，在多數父母所認為的「成功道路」上，確實存在著不幸福的孩子。那麼，如果排除成績好不好、人緣好不好、身處環境條件等，孩子要如何取得力量，以自主尋找幸福呢？

想讓孩子學會真正享受人生的方法，最重要的是要引導他們聚焦在自己的內心，獲得從中尋找幸福的智慧。然而，比起孩子的感受，社會更重視學業成績，因此持續傳達給孩子們的，是「社會認可優先於自我價值」的訊息。

「不要想那些有的沒的，你給我用功一點就好了！」

「有時間說這些軟弱的話，還不如快去解題，說不定作業早就寫完了！」

這是小時候我們經常聽到的話語，而且很可能已經代代相傳好幾世代，甚至讓人覺得個人的情緒似乎會妨礙生活，是那些「懦弱人士」的專利。所幸這一代的父母親身經歷過無法健康地、原原本本表達內心感受，深切體會不能讓孩子也跟自己一樣，要等到「消耗殆盡」之後才下定決心脫離刻板印象中的「模範人生」，走出一條屬於自己的道路。不過，即使父母知道在養育過程中應該著重於觀察孩子的情緒，但若沒有親自學習或體驗過，實行起來仍會感到困難、無所適從。

其實除了美國之外，加拿大、英國、澳洲、新加坡等許多教育先進國家，為了打破將情緒視為「心理有問題」的傳統束縛，早已將社會情緒學習（social and emotional learning，簡稱SEL）視為解決方案。社會情緒學習不再要求孩子隱藏自己的感受，而是以系統化的教育課程，指導孩子如何掌握正確的表達方式，並與他人形成良好關係。這種教育對孩子的學業壓力和學習情緒能產生良性的影響，不再拘泥於念名校、進入大企業就等於成功的固有觀念，確保能主導真正幸福的人生，因此現在已逐漸受到越來越多國家的高度重視。

什麼是社會情緒學習？

請回想第一次把可愛的孩子抱在懷裡那一刻，看著像絨毛一樣輕柔的孩子，除了希望他健康長大之外，是否還夢想著他成長後的模樣？聰明的孩子、心地善良的孩子、誠實的孩子……或許每個父母描繪的模樣都不同，但我認為其中一定都包含了「幸福」。從這一點來看，「社會情緒學習」一詞雖然不算常見，但裡頭關於為人父母對孩子的期望，對我們來說其實並不陌生。

美國的「學業、社交、情緒學習組織」（Collaborative for Academic, Social, and Emotional Learning，簡稱CASEL）自一九九四年成立以來，對於推廣社會情緒學習有著巨大貢獻。CASEL將社會情緒學習定義為「孩童與成人獲取並運用知識、技能和態度的過程，以發展健康的身分認同、管理情緒、實現個人和團體目標、對他人展現同理心、建立並維繫能提供支持的關係，並作出負責又有愛心的決定」。內容有些複雜，所以我再整理解釋如下：

- 形成個人性格、關心事項、價值觀的教育。
- 對自己和他人的感受產生認知，幫助調節衝動情緒的教育。
- 有助於理解他人並解決矛盾的教育。
- 培養符合社會規範的決策力的教育。

總括來說，社會情緒學習包含了我們生活中許多必備的價值。孩子到了一定年齡，就會遇到社會構成的各種規則，而孩子接觸的範圍越廣，要面對的規則種類和型態也就更為複雜。對孩子來說，原本獲得了養育者全部的關注，只要「滿足自己的需求」就好，但在進入幼兒園後卻像被賦予了新任務。例如老師說話時，要學習暫停正在做的事，打開耳朵安靜聆聽；和同學一起在教室裡，也要學習尊重個人的空間和物品。這些共同生活的規範看似簡單，但對社會情緒力的要求卻比我們想像的要高很多。如果缺乏自我覺察和調節能力，要意識到自己的身體占據了多少空間、如何在適當的範圍內移動，會是很困難的事。另有一點值得關注，就是孩子與同齡朋友的交流會增加，持續產生不同的情緒。例如玩遊戲時，孩子會開始感受到與人競爭、在競爭中失敗的挫折，或是原本一起玩的朋友先行離開而產生的失落感。如果孩子不知道建立和維持關係的方法，進入學校團體生活後很可能會遭遇接踵而來的茫然和迷惘。

「要和朋友好好相處。」
「回答問題要有自信。」
「要好好講話，不要動不動就哭。」

可惜的是，父母對孩子提出的要求大都很抽象。當然，對於一些社交性格較強、很會看人臉色的孩子來說，就算沒有特別指導，在團體生活中應對時也能表現出卓越的能力。但是大部分的孩子很難理解這些不明確的指示，尤其在日常生活中越是不善於調節自我情緒、與他人建立關係的孩子，就越需要有系統的幫助。一如孩子接觸和使用的單字越多，累積起來就可以增強語言能力一樣，社會情緒力的養成也需要階段性的學習。過去我們總認為孩子的情緒控管、社交技能是自然形成的，卻忽略了在要求孩子「和朋友好好相處」之前，應該先說明什麼是「好好相處該有的行為」、什麼又是「好好講話」，以及如何展現有自信的表情、態度、聲音等非語言的表達能力。如果沒有階段性學習的介入，很難進行正確的社會情緒學習。

著名的兒童心理學家羅斯．格林（Ross W. Greene）在包括少年輔育院在內的許多地方，面對過各種難以駕馭的孩子。他在著作《壞脾氣小孩不是壞小孩》（*The Explosive Child*）中說道：「孩子們做得到的事可以做得很好。」所謂的「問題兒童」之所以會出現問題行為，不是因為他們懶惰、渴望關注，也不是因為本性不好，他們只是還沒學會「好好行動的方法」。也就是說，如果透過教育培養孩子們調節情緒、解決問題的能力，那麼自然就會有好的舉止。最好的管教是預防，若想幫助孩子親近自己的內心，就要先從照顧孩子的心靈開始。

社會情緒學習的五大核心

要在家中進行社會情緒學習，必須先了解實現這一目標的五大核心能力。CASEL特別強調均衡教育的重要性，其提出的五大核心分別是自我覺察、自我管理、社會覺察、關係的形成與維持、負責任的決定。

「自我覺察」是指理解自己的情感和想法、個性特質和價值觀，並掌握這些對行為的影響力。自我覺察能力強的孩子很了解自己的優缺點，因此對特定領域會帶著自信去挑戰，或知道應該尋找需要改善的地方。在設定人生目標方面，通常也會有卓越的表現。仔細觀察那些我們認為進取、主動的孩子，很容易發現他們具備了高度的自我覺察。這種能力使人在需要做出重要決定時，也能冷靜思考「我是什麼樣的人」、「什麼是對我最重要的事」，並可以減少衝動決定的可能。

「自我管理」是指根據各種不同的情況或目的，能夠適當應對情緒、想法、價值觀的能力。孩子若能理解自己的壓力來自何方，就會想方法避免壓力出現。假如擔心遲到而有壓力，就依照時間差設定多個鬧鐘提醒；如果正在進行艱難的挑戰，就適時安排一些可以緩解壓力的事，讓緊繃的自己有一些放鬆的時間……諸如此類。每個人在生活中都會遇到大大小小的壓力，因此孩子相當需要能夠自己尋求讓情緒穩定的能力。就像在考試期間大家都會倍感壓力，但擁有堅強自我管理能力的孩子會有更好的表現。因為這樣的孩子在經歷類似的困難階段時，更願意尋找克服的方法，而不會因為受挫就停留在原地。

「社會覺察」是指面對來自各種環境、文化、經驗的人，具備理解和共鳴的能力。

社會覺察力足夠的孩子，即使遇到想法不同的人，也會努力考量對方的意圖和情緒。相反地，缺乏社會覺察力的孩子就像在電視劇中被設定為「顧人怨」的角色，雖然聰明卻總是自我中心。或許有人覺得這不是什麼大問題，但仔細想想，卻可能讓孩子走向孤獨。所謂物以類聚，好人的身邊也會聚集好人，因此對於觀察力強、懂得關懷的孩子來說，也會有更多機會建立正向的關係。

由此延伸出來的，就是「形成與維持關係」的能力。顧名思義，這是指與個人或團體形成正向的健康關係，並加以維繫的力量。我們每天都必須與人交流，因此形成與維持關係的能力對於提高生活品質影響重大。就算與不同意見的人在同一個組織內，仍可以和平地協調分歧，這樣的溝通能力對提高業績、維繫關係很有幫助，因此在幼年時期就與父母有良好互動的孩子，進入社會時通常也已經準備好與世界進行更廣泛深入的交流了。

最後，CASEL強調的是「負責任的決定」，這不僅指個人的言行，也同時代表在人際互動的情況下必須為自己的選擇負責。遵循倫理道德和社會觀念，盡最大努力完成分內工作，並能完全承擔自身行為造成的結果，從錯誤中學習，這些全都屬於負責任的良好表現。

社會情緒學習的五大核心與其說是不同的能力，不如看作是緊密相連的成長力量。因此，如果只偏重加強某一種能力，不僅很難達到真正掌控社會情緒力的目標，也無法期待會有持久的效果。當孩子了解自己、懂得接納自己（自我覺察）時，就會更加自愛和自重，自然也會把愛自己的心延伸到情緒調節，並用健康的方式消除壓力（自我管理），成為自己心靈的主人；在與他人的關係中也能表現出靈活應對的能力（關係的形成與維持），由此衍生的正面互動則會累積社會觀念的背景知識（社會覺察），構成決策時的寶貴資源和審慎心態（負責任的決定）。這些過程有助於強化孩子對自己的正向認知，因此這五種核心力量是相互共存的關係。

如何引導孩子，效果最好？

那麼，該如何培養社會情緒學習的五大核心能力？我們可以從CASEL的架構圖（CASEL Framework Wheel）中找到答案，在下一頁的圖中，圓圈中心就是社會情緒學習的五大核心，即自我覺察、自我管理、社會覺察、關係的形成與維持、負責任的決定；而圍繞在外的四個圓圈分別代表班級、學校、家庭和社會，由此可以看出真正的社會情緒學習需要在各種環境下同時進行，以獲得最大的協同效果。因此，為了避免讓孩子的學習價值只是曇花一現，必須有意義地運用核心能力，從各種不同角度觀察。這也是CASEL所強調，結合明示型、潛移默化和融合型這三種指導方法，才能有效發展社會情緒力。

CASEL 架構圖

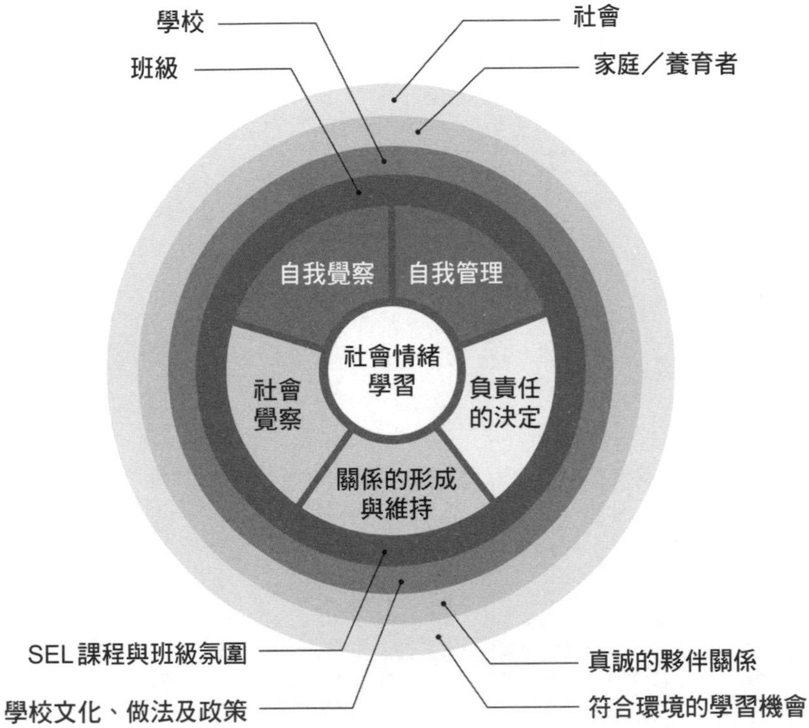
學校
班級
社會
家庭／養育者
自我覺察
自我管理
社會情緒學習
社會覺察
負責任的決定
關係的形成與維持
SEL 課程與班級氛圍
學校文化、做法及政策
真誠的夥伴關係
符合環境的學習機會

明示指導法

CASEL建議的三種指導方法中，第一個是明示指導，顧名思義就是直截了當地進行指導。以數學課為例，就像告訴孩子：「今天我們要學加法。就是兩個以上的數字加在一起。」直接傳達學習目標、教導定義和方法。在社會情緒學習方面，就是學習表達情緒的詞彙、與朋友和好的對話方法等。

明示指導最大的優點是能夠更可靠、更直接地讓孩子學習符合社交界限的行為。例如告訴孩子：「生氣的時候可能會想跺腳發出砰砰的聲音，但是為了你自己和別人的安全，還是不要隨便亂踢比較好。」或是：「媽媽現在哭不是因為傷心，而是因為覺得很開心。有時候覺得很幸福時，人也會流淚，這樣的心情就叫做『感動』。」這般直接說明，有時會有不錯的效果，可以明確讓孩子了解如何表達心情。又如，孩子到公園遊樂場玩耍，只要一到回家時間一定都喊著「不要」，這時可以教導孩子，比起吵鬧耍賴，學習用「難過」、「捨不得」、「下次還想再來」等話語來表達會更為適當。

明示指導要記住一個重點，就是不能只靠偶爾一、兩次的學習。近期一項研究表示，社會情緒學習最好每週都能進行，這樣才能逐漸看到效果。包括CASEL在內的各個教育團體也異口同聲呼籲，從孩童到青少年時期的持續教育非常重要。現在許多美國小學甚至每天都會進行社會情緒學習項目，通常在一早朝會或放學時進行二、三十分鐘的明示指導，並透過家庭聯絡簿等幫助家長在家中施行。

此外，同樣主題的教育也必須跟著孩子的年齡增長來加強深度，因此建議長期反覆進行，才能看到效果。

以「表達情緒」為例，如果孩童時期把重點放在用語言表達喜、怒、哀、樂等基本情緒，那麼進入學齡期後，就可以教孩子處理嫉妒、尷尬、委屈等更細微的情緒。也就是說，雖然都是情緒的表達，但可以視孩子的成長而更加深入。

潛移默化指導法

與明示指導一樣，默默傳達的「潛移默化指導」也有著不容忽視的力量。若養育者否定情緒表達的必要性，那麼孩子在這種情況之下長大，自然會隱藏內心的感受；相反地，如果養育者認真看待孩子的感覺，則會讓孩子建立自我價值，因為體認到自己的內心對別人來說是重要的存在，自然而然就會連接到自尊。因此，為了讓孩子建立健全的自我，父母的眼神和行動都要能夠傳達「我想知道你的想法、想了解你的心」這樣的訊息。

韓國有句俗話說：「父母是子女的鏡子。」在美國也有：「有其父必有其子。」（The apples don't fall far from the tree.）雖然國家和語言不同，但這兩句話都說明了養育者對孩子的巨大影響。家庭成員之間的互動，時間最長，關係也最親近，是孩子出生後最先接觸的社會情緒交流。父母手足之間的溝通狀態，就像我們的口味喜好來自於從小媽媽煮的家常菜一樣，是孩子一生對待生活態度的基礎。因此，若想進行有意義的社會情緒學習，就必須隨時檢視與子女的互動，以及圍繞孩子的環境是否能正確反映我們想教給孩子的東西。

例如哥哥畫畫到一半，畫紙被弟弟搶走，哥哥非常生氣。這時你對哥哥說：「不可以亂扔東西，先深呼吸調整一下情緒。」雖然你努力想傳達調節情緒的方法給孩子，但如果你平日經常忍不住發火，自己都沒有做到，那麼孩子很有可能不信任那些調節方法。同樣地，如果孩子常常看到父母說謊，那麼就算知道騙人是不對的，恐怕也會不以為然。因為比起大人說的話，身教對孩子的影響更大。

那麼，為了好好進行社會情緒學習的潛移默化，當父母與孩子在一起時，是否就應該一直完美地調節情緒，時時刻刻表現出良好的社會覺察呢？不是這樣的。首先，只要是人都會有心情變化，父母所經歷的情緒波動也可以自然表現出來；而且學習解決問題的方法，重點在於觀察過程。比起每件事都仔細做到完美無缺，父母偶爾犯錯，像是把星期三記成星期四，但在事後會找尋解決方法來避免重蹈覆轍，反而是最好的學習榜樣。換句話說，潛移默化式的社會情緒學習需要的不是經常成功的範本，而是父母努力「讓孩子成為自己心靈主人」的決心。

融合型指導法

我曾經在演講中，分享在美國小學進行社會情緒學習的相關經驗給韓國的家長們，一些家長表示，孩子的日常生活已經很忙碌，若還要增加額外的教育，會感到有壓力。因此，接下來要介紹的第三種社會情緒學習法，即融合型指導，正可以解決這種苦惱。這個方法的特點是在學習和生活中融入社會情緒教育，但不會增加麻煩。舉例來說，老師在上自然課時，引導孩子提出進行實驗需要的合作方式，或者在大家意見不一致時共同激盪出協調的方法。讓孩子學習的同時能立即應用，也是這個方法的優點之一。

這個方法不僅適用於學校，也適用於家庭。例如討論家族旅行計劃或晚餐菜單時，可以利用小小的辯論或T型圖的方式來幫助孩子了解自己的喜好，檢視他人意見和感受，藉此把握融合型指導的機會，培養家庭成員之間的連結和孩子的情緒智商。

美國政府斥資千萬美元的理由

社會情緒學習的神奇效果

在美國，社會情緒學習是現今最受關注的教育趨勢，其對象不侷限於孩童，也包含了成年人；但在二、三十年前，這對大眾來說還是個很陌生的名詞。不過，若從社會情緒學習的根據和歷史來看，就能了解為什麼美國政府要在這個眾多教育界人士都強調其重要性的領域中，投入千萬美元的鉅額資金。

社會情緒學習在韓國仍算是比較陌生的名詞，但早在一九六〇年代，耶魯大學的詹姆斯．科默（James Comer）博士，就在美國康乃狄克州紐黑文市的貧民區，挑選了出席率最低、問題行為最多、學業成就最低的兩所小學作為研究對象。科默博士在這裡與教師、家長、精神健康專家合作，歷時十五年，持續在校園中推行社會情緒學習，同時對孩子進行明示型和潛移默化兩種方式的指導。例如減少「不要跑」、「不要吵」等否定話語，替換成「我們一起走吧」、「小聲說話」等其他相同意思的表達方式，也同步讓孩子了解何謂尊重。藉由持續實踐，讓這些正面的話語融入生活。不僅如此，透過同儕、師生之間的互動與合作，讓所有人都感受到身為學校一員的歸屬感。

八〇年代初期，科默博士將長期研究後的成果公諸於世，轟動了教育界。因為長年處於成績低谷的兩校學生，學業成績持續進步，最後甚至高於全國平均標準；在研究初期令人擔心的曠課率和問題行為也大幅減少。於是，美國政府開始認真關注情緒教育帶來的正面變化。

到了九〇年代，美國的校園暴力、毒品、槍械等問題泛濫，這才有人發現應該擺脫以處罰和治療為主的矯正型（reactive）教育，並對解決根本原因的預防型（proactive）教育有何必要性展開熱烈討論。一九九四年，教育界人士和研究人員齊心協力，成立了諮詢、研究社會情緒學習的機構CASEL，隨著創始成員之一的丹尼爾·高曼（Daniel Goleman）博士推出著作《EQ》，並在全世界成為廣受歡迎的暢銷書，大眾對社會情緒學習的關注也上升。以此為契機，從二〇〇〇年開始，美國的公共教育正式引進社會情緒學習，效果更為顯著。二〇二一年，新冠疫情大爆發，兒童最需要的同儕交流受到限制，加上疫情帶來的相關壓力增加，為了孩子們的心理健康，美國政府史無前例編列了千萬美元的高額預算，對推廣社會情緒力展現堅定的支持。

美國的社會情緒學習前景

美國各州都有自己的文化，地區間的差異很大，因此教育政策一般都以州政府為決策單位，以單一化的標準在全國各州推行的例子實屬罕見。不過，隨著大眾對社會情緒學習的關注提高，越來越多人關心什麼才是符合孩子年齡的教育方式，父母也開始想了解學校如何教育孩子。為此，CASEL從二〇一一年開始分析、評量美國五十州在社會情緒學習教育的各項資訊及成效，並持續公布結果。

根據二〇二二年四月發布的數據，美國五十個州中，有四十四個州透過公共教育機構推薦CASEL提出的社會情緒學習核心能力指南，其中有二十七個州更進一步自行開發適用系統的評量標準。與二〇一八年相比，四年來增加了二倍左右，由此可看出對生活在後疫情時代的孩子們來說，靈活的思考能力和強化心理韌性的教育大受重視。

除了教育政策之外，實際在課堂中也呈現出同樣的情況。根據CASEL主辦的問卷調查結果，美國小學的輔導老師有73％認為社會情緒學習與學業知識同樣重要。經歷過疫情期間的線上課程，孩子們在學業和人際力的差距擴大，近年各個學校都聘請了社會情緒學習的專任教師，顯現核心教育價值的趨勢。孩子們對社會情緒學習的反應也非常正面，參與同一問卷調查的高中生裡，76％表示希望進入重視社會情緒學習的學校，並認同這是改善學業壓力和交友關係的有效工具。以下就來看看一些社會情緒學習的真實案例。

預防型教育的轉化效果

喬治是生活在美國西雅圖市馬格努森區的學生，這個地區在西雅圖算是高級住宅區。我擔任實習老師時，喬治才二年級，每天一到學校就趴在桌子上睡覺，學習意志非常薄弱。不僅如此，他對同學會惡言相向，甚至也如此對待老師，因此被貼上問題學生的標籤。學期初，喬治和我的對話是這樣的：

「喬治，你要看黑板啊。」

「我不要。」

「不看黑板就不知道該如何解題啊。專心一點。」

「你管我。」

喬治似乎不願接受任何指示。因為無法集中注意力，學業自然一落千丈，學習進度跟不上，所以經常留校輔導。

後來隨著政府提供補助，學校決定引進耶魯大學開發的「RULER」社會情緒學習系統。為了改善與喬治的關係，我也開始使用這個系統，並從中領悟到我在與喬治的對話中，95％以上都是為了糾正他違反學校生活守則行為的「矯正型反應」。即使是為了導正他的學習態度而提出建議，在他耳中聽起來也有如嘮叨。我切身感受到了表達心意的方法與對孩子的愛同樣重要，於是開始努力將矯正型對話轉變成預防型對話，與喬治的溝通也就此變得不同於以往。

「喬治，今天我們要學習二位數的加法。我特別在題目中加上了你的名字，要仔細聽喔。」

「喬治，如果遇到不懂的地方就畫個星星怎麼樣？等等老師會再解釋給你聽，不管幾遍都可以。」

我在喬治對上課失去興趣、出現「把頭趴下」這類需要矯正的行為之前，先給予行動方針。除了明示即將上課的內容和尋求協助的方法之外，為了多了解喬治，我也嘗試與他進行以下對話：

「喬治，今天早上感覺怎麼樣？」

「喬治，老師今天早餐吃了燕麥片，你早餐吃了什麼呢？」

剛開始似乎很尷尬，孩子惜字如金，但慢慢地他也開始分享自己的生活。我們一起找到了解決方法。

馬格努森位於華盛頓州立大學附近，是教授、研究人員、醫師等高知識專業人士聚居的地區，當時正為索馬利亞難民搭建臨時公寓，施工的噪音妨礙學校上課，飢餓也影響孩子的上課專注力，於是學校向非營利組織求助，尋求改善。在信任自己的大人身邊，喬治逐漸變成一個喜歡學習的孩子。隨著時間過去，當我在走廊上與四年級的喬治相遇時，眼睛閃閃發亮的他這樣說道：

「我相信自己無論想做什麼，都能做得很好。」

不久前，我看了電影《媽的多重宇宙》，讓我想起了十年前見到的小喬治。這部以平行宇宙為素材的電影，展現了我們在生活中所做的選擇，從午餐要吃什麼這類的瑣碎小事，到結婚、懷孕等人生重大決定，都會帶來不同的結局，進而創造多樣的世界。回顧過去，我認為接觸社會情緒學習法並應用到我與喬治的關係中，是我身為教師所做的無數選擇中最滿意的決定之一。

孩子有狀況才需要社會情緒學習？

有一些人對社會情緒學習有所誤解，以為這種教育是給那些所謂「愛惹麻煩」的孩子。但專家表示，社會情緒學習帶來的正面改變並不僅侷限於那些兒童，尤其是社會情緒掌控得好，不僅可以矯正外顯的問題行為，還能夠平復孩子內在經歷的痛苦，這一點值得特別關注。

因為即使表面上看不出來有問題行為，也不代表內心沒有不自在。假設兩個學生正在解數學問題，其中一個把考卷弄得皺巴巴，另一個看起來很正常。在這種情況下，大部分的人都會關注那個把考卷弄皺的孩子，想說他是不是心裡有什麼不舒服；但其實也不能忽略另一個孩子，在泰然自若的外表下，心裡說不定有著更悲觀的想法。

有些孩子因為補習班作業沒寫完，在學校上課無法專心；有些孩子因為擔心在醫院的媽媽，在座位上不停撥弄橡皮擦。他們不會馬上出現問題行為，但這並不代表他們不需要情感支持。壓力和不安會降低孩子的專注力和記憶力，妨礙學業和人際關係的建立。要讓每一個孩子都能順利學習成長，就必須提供接受社會情緒教育的機會。

養出在未來如魚得水的孩子

社會情緒學習會排擠課業嗎？

實際上，美國公共教育正式引進社會情緒學習時，部分家長也擔心會不會導致孩子的學業成績下滑。因為在原本就忙碌的課業中，還要加入社會情緒學習，就會減少已經緊繃的休息時間或剝奪原本的讀書時間。但是在實施社會情緒學習後追蹤成效，卻發現結果相反。

CASEL在二〇一八年的調查結果顯示，接受社會情緒學習的孩子，學業成績比沒有接受社會情緒學習的孩子上升了約11%。怎麼會有這樣的結果呢？

丹尼爾・貝爾斯基（Daniel Belsky）是美國哥倫比亞大學公共衛生學院流行病學系的助理教授，他說明在二〇二一年刊登於遺傳學雜誌《自然—遺傳學》（*Nature*

Genetics）的研究發現：關於孩子們的學業成績中，認知能力貢獻了43％，非認知能力的貢獻則約占57％。這裡所說的認知能力是指考試分數或智商等數值化的能力，這在韓國社會也長期被視為「聰明的孩子」的標準。然而事實上，耐心、熱情、自制力、自尊、人際互動等社會情緒學習中主要涉及的「非認知能力」才是成功的關鍵。以這樣的科學研究為基礎，我們稍微轉換一下就能理解，提高非認知能力自然會帶來學業成績提升的結果。在心情自在舒暢的狀態下，不僅受外部壓力的影響較小，也更容易主動尋找適合自己的學習方法。另外，社會情緒力強的孩子即使沒有取得滿意的成績，也不至於影響自信，而是會很快收拾心情，並設定下一個目標，努力邁進。

事實上，CASEL公布的學業成績提升11％，這個提升率也包含了孩子們正面的自我覺察、學習態度改善和在校的負面情緒減少。這代表了社會情緒學習不僅僅是單純培養成績好的孩子，更能幫孩子建立追求幸福的正確態度。正因如此，根據二〇一五年美國衛生及公共服務部發布的內容，從學齡前到青少年，一直都接受社會情緒教育的孩子，在大學及就業等長期成就中，也展現出高滿意度的成果。也許正因為他們即使經歷困難，仍相信自己的心理韌性，不僅幫助他們在課業上取得好成績，更適用於生活中需要努力的每一刻。

AI無法取代的能力

世界經濟論壇的《二〇二〇未來就業報告》（*The Future of Jobs Report 2020*）曾預測，「因為第四次工業革命，到二〇二〇年為止，約有七百一十萬個工作崗位將消失，另增加約二百萬個新工作。」未來學家兼達文西研究所所長湯瑪斯・弗雷（Thomas Frey）在二〇一二年的TED演講中預測：「到二〇三〇年為止，地球上現有的職業，有一半將消失。」看著ChatGPT等近來已經商用化的人工智慧技術，感覺許多未來學者的看法正一一成為現實。ChatGPT已經在歸納資訊方面顯示出驚人的效率，不僅可以寫作、填詞，甚至還可以畫畫。

暢銷書《奇點迫近》（暫譯自*The Singularity Is Near*）的作者雷蒙・庫茲維爾（Raymond Kurzweil）甚至認為二〇四五年，人工智慧的能力就會超越人類。在這樣的未來世界，過往學習和背誦知識的技術將難以再發揮影響力。

對此，教育專家們表示，今後應該致力於培養人工智慧或機器難以取代的核心能力，並列舉了稱為4C的四種能力：溝通（communication）、合作（collaboration）、批判性思考（critical thinking）和創意（creativity）。因為隨著網路等各種技術的擴張，越是貼近資訊的生活，就越需要能夠正確辨別、使用的批判性思考能力；想要擺脫單純地消費資訊，更需要具備主動、創意地活用資訊的能力。

有趣的是，構成4C的關鍵能力與社會情緒學習中的五大核心力量關聯密切。例如在社會情緒學習中的「負責任的決定」，是當孩子面臨不如己願的狀況時，如何拒絕或協商，這與未來須具備解決問題的溝通能力是一樣的。另外，培養成熟心智和自我覺察能力的孩子，未來很可能成長為職場上的領導者。換句話說，社會情緒學習也意味著培養孩子未來的競爭力。

由於未來就業所需的能力，很多部分與社會情緒學習包含的價值相吻合，因此CASEL從二〇二〇年開始進行「連接希望與機會」（Bridging Hope and Opportunity）計劃，與美國三十八個州政府一起推動，目前正在研究具體方法，希望將幼年到青少年時期經歷的社會情緒學習成果，擴展到就業意識和技術上，令人倍感期待。

CASEL責任能力	社會情緒學習指導技術	未來就業能力
負責任的選擇／關係形成	指導孩子遇到不如意的情況或負擔時，擬定拒絕或協商的策略	* 解決問題的能力 * 調節情緒和消除壓力因素
形成社會意識／關係	指導孩子理解不同觀點，並產生同理的策略	*溝通能力 *專案協作能力 *人力資源管理能力
自我認識	指導孩子維持「成長型心態」，幫助其發揮執行困難任務的毅力	*優質的事務處理能力 *對事情的主導性 *靈活性和適應性 *發展目標設定能力

社會情緒學習席捲美國

社會情緒學習的推薦課程

根據CASEL最近的調查，二〇二一到二〇二二年的一年之間，美國在校內採用社會情緒學習課程的校長比率約為78％；希望儘快在韓國也能看到良好的效果。不過因為在美國，學校老師對於教材和活動有較大的決定權，因此在同一所學校內，不同老師在運用上也有差異。

我在與其他州的朋友聊天時發現，即使教同一個年級的孩子，各個老師不只在學習進度和教學方法上有差異，就連使用的教材也有很大的不同。因為美國原本就是一個擁有廣闊土地和多元文化的國家，每個地區都有當地適用的教育政策。因此，除了社會情緒學習之外，在其他科目方面，比起從頭到尾照本宣科的教學，更鼓勵教學時結合班級特色與生活來設計活動。包括CASEL在內的非營利教育組織認為，長期實施社會情緒學習才是提高效果的重要因素，而選擇課程時，與其跟隨潮流，不如考量孩子和父母的學習風格還更為恰當。

當然，專家們表示最理想的情況是，學校選擇適合學生、效果得到認可的社會情緒學習課程，並連著幾年持續教學，期間盡可能與家長保持聯繫，以延續學校的教育來加強學習。但是，目前在美國使用的大部分課程都是以學校為單位進行，而且全部是英語，因此在美國以外的一般家庭中要實行，會有現實上的困難。

在課堂教學中，明示型指導占了很大比重；但若要融入生活，在潛移默化和融合型指導的過程中，會更仰賴父母的心態和溝通方式所間接傳遞的訊息。因此，對於有意進行社會情緒學習的家長來說，比起尋找美國商用化的課程，我更推薦專注於幫助孩子坦率表達自己的情緒，並營造人際關係、學業和精神均衡成長的環境。

這本書的內容是以我多年來在美國小學實際運用的社會情緒學習課程為基礎，其中會說明我再三強調的各項價值。另外，我將由此產生的家庭活動依國情進行調整，以幫助在家進行社會情緒學習的父母邁出第一步。最重要的是，希望大家記住，最好的教育不是從參考書或課程開始萌芽，而是來自於與孩子的關係。若在實踐本書內容後還想了解美國社會情緒學習課程，推薦各位可以參考由CASEL所整理、長期具有優秀成果的課程SELect推薦列表（CASEL協會網站http://pg.casel.org/review-programs/）。

清單中的課程都是透過追蹤研究驗證了效果，可視為經過認證的優良系統化課程。你可以利用年齡、使用環境、主要指導目標等條件過濾後，找到最適合的課程。

韓國課業壓力的啟示

韓國仁荷大學教育系教授朴永信，長期研究韓國青少年幸福和心理的關係，他提問：韓國青少年最自豪的成功經驗和最痛苦的失敗經驗分別是什麼？針對這個問題，究竟會得到什麼答案呢？雖然是兩種相反的經驗，但是孩子們的答案都跟學業成就有關。朴教授表示，「在韓國，子女的學業成就不僅是單純的個人成就，更是父母生活的成就。」因此，許多韓國孩子都抱著「努力學習，透過成功來報答父母的犧牲」這樣的想法。

關於學習壓力對孩子的生活造成莫大影響，還有其他的統計，根據二〇一九年韓國統計開發院公布的「二〇一八年兒童綜合狀態調查」，韓國兒童和青少年在國際學生能力評量（PISA）中，雖然在閱讀、數學等方面嶄露頭角，但在測定幸福感的調查中仍然處於後段班。對此，韓國青少年政策研究院副研究委員柳敏相分析說：「社會整體上對教育的熱衷和激烈的競爭，對於造成孩子的學業壓力有一定的作用。」特別是從國中開始便與小學有很大差別，名次就代表了個人成就，學業成績影響孩子的自尊、自我效能感的事例屢見不鮮。

由於課業量和學習時間過多，韓國學生容易產生負面情緒，因此透過社會情緒學習，培養在成績之外找尋幸福的力量，更形重要。即便學業壓力相似，但情緒調節能力高的孩子在心理方面更為健全，因為培養出來的心靈肌肉在學業壓力和心理健康之間扮演了核心作用。

韓國教育發展研究院（KEDI）國民教育研究室的室長金賢鎮（音譯），在〈為什麼我們要關注社會情緒力量？〉報告書中，也提出韓國必須盡快引進社會情緒教育。他表示「社會情緒力越低的群體中，孩子們的主觀健康狀態和生活滿意度、心理適應度就越低」，並強調「為了提高韓國學生的生活安定感和適應力，有必要開發提高社會情緒力的計劃，並制定在教育課程中可以運用的方案」。他還進一步表示，曾參與校園暴力的孩子在事後訪談中，都指向「具有較弱的情緒調節能力、自尊心」這一點。這很明確點出為了營造學校內健康的同儕文化、保障學生的心理穩定，社會應該朝著什麼方向前進。

韓國現有的學校保健法政策，是由教育部和學生精神健康支援中心共同開發的《學生情緒和行動特性檢查及管理手冊》，藉此篩選出需要個別幫助的孩子，並致力於對其事後管理，但對於防患於未然的措施卻不多，令人惋惜。特別是現在越來越多孩子在國、高中就出現了憂鬱症和壓力型適應障礙，其中不少人是在問題浮現之前就已經在內心累積了許多負能量。因此，從學齡前開始，透過長期的社會情緒學習，強化心理健康就顯得格外重要。因為孩子若從幼年開始就能學習如何調節負面情緒，將正向的情緒最大化，並有效自我管理，那麼隨著年齡增長，孩子的幸福程度必然會上升。

第 2 章

培養孩子的堅定自我

上學笑、回家哭的孩子

好表現只是運氣好嗎？

孫麗莎（Lisa Sun）是美國巴納德學院的心理學教授，也是《冒牌者：戴著面具的父母創造戴著面具的孩子》（暫譯）的作者，她說：「書念得越多，心裡就會越不安。」孩子就算已經很努力用功，還是會擔心只要有一次考砸了，可能就會被人發現自己其實並不聰明。像這樣把自己的成功歸因於運氣而不是個人努力，害怕暴露自己真正實力的不安心理，被稱為「冒牌者症候群」（imposter syndrome）。根據德國哈勒－威登堡大學心理學研究所的凱．布勞爾博士（Kay Brauer）說明，冒牌者症候群雖然並未被定義為精神疾病，但具有這個症狀的人較容易出現憂鬱的傾向，對自尊和工作滿意度等整體生活健康也會有負面影響。

儘管冒牌者症候群的原因尚未確定，但自一九七〇年代以來，經過持續不斷的各種研究，結果都證明冒牌者症候群與完美主義之間具有關聯性。特別是當一個人在成長環境中總是聽到別人對結果的稱讚，並忽略其過程中的努力，這種人會更習慣隱藏自己的感受，強迫自己展現完美的面貌。這種心理狀態與個人的真正能力無關，因此就連已經在某個領域被認可的優秀人士也坦言自己受到冒牌者症候群的折磨，例如畢業於哈佛大學，後來成為臉書營運長的雪柔・桑德伯格（Sheryl Sandberg），以及奧斯卡最佳女主角娜塔莉・波曼（Natalie Portman）、社會運動家兼諾貝爾文學獎候選人瑪雅・安傑洛（Maya Angelou）、第一位擔任美國聯邦大法官的美籍西班牙裔索尼婭・索托瑪約（Sonia Maria Sotomayor）等。他們一致認為，雖然擁有優秀的學經歷，卻仍不時懷疑自己的成功只是因為運氣好，質疑自己是否真的符合這些名聲。他們的生活彷彿戴著面具，會給自己套用非常嚴格的標準，同時過分在意他人的目光，隨時隨地都感到不安。

走進孩子敏感的內在世界

我在資優小學擔任導師時，班上有個學生叫約書亞，他是家中獨子，爸爸是醫生、媽媽是律師。從小約書亞就表現不凡，任何事只要學過一次就能記住，是典型的快速學習者。他在二歲時就對文字展現興趣和天賦，還會自主學習，就算父母沒說，他也會自發性地做習題，對學習充滿了熱情。這樣的約書亞也受到其他家長的關注，在社區裡可說是無人不知、無人不曉。大家都認為約書亞是因為父母優秀，遺傳到優良的基因，所以天生聰明又熱愛學習。

上幼兒園時，其他小朋友跟著老師唱兒歌，約書亞則是自己一個人靜靜地看書；小學一年級時，約書亞被評定為資優生，直接跳級就讀，然而當時才滿六歲的約書亞，卻在閱讀高年級程度的文字時遇到了困難。

在其他人眼中，約書亞聰明又乖巧，許多父母都希望自己的孩子能與約書亞多多相處，學習他的努力；在學校裡，身為導師的我與其他曾教過約書亞的老師，也都一致認為他是資優學校系統中的資優學生。因此，當約書亞的父母表示希望與導師談談「孩子的狀況」時，我還以為過程應該很愉快，萬萬沒想到從約書亞媽媽口中聽到的他，竟和我在學校見到的判若兩人。

在學校總是表現得穩重親切，像個典型模範生的約書亞，一回到家卻成了叛逆的孩子。不只會大聲頂撞父母，還會有一些暴力舉止，彷彿每天都有滿腔怒火，在家要發洩到精疲力竭才能睡著。約書亞在家經常會尖叫，被父母制止後，竟然演變成撞牆的自殘行為。約書亞的媽媽流著眼淚說：

「真沒想到我的孩子會這樣，我們一直很用心教養，可是他怎麼會變成這樣呢？」

對於孩子在學校的狀況，應該少有父母認為可以犧牲孩子的情緒來換取傑出的成績，但同時要父母完全放下對課業成就的欲望也很難。不管是在聚集了像約書亞這樣優秀孩子的美國資優學校，或是像韓國這樣整個社會對教育寄予高度關注，都有同樣的苦惱，希望孩子在學校快樂，但又不希望成績落後。因為就算不刻意探聽，也會在不知不覺中聽聞隔壁鄰居同齡的孩子已經可以用英文寫作文了，或是樓下住戶的孩子在連假期間寫完三、四本數學習作。在對教育狂熱的社會氛圍之下，為人父母無可避免會焦急、擔心，是不是自己對孩子太放鬆了？這樣會不會害孩子落後別人？再加上到處都能看到「小學入學前必修的十堂課」這類刺激性的廣告，讓現代父母紛紛產生「孩子的教育越早開始越好」的想法，才能替孩子的未來打下基礎。諷刺的是，從實際情況來看，打擊孩子學習興致的最大原因，不是學前準備夠不夠，而是父母的不安和焦躁。

不過，約書亞的父母並不像電視劇中的那種類型：一心只想孩子考到好大學，只顧著強迫孩子學習或對成績施加壓力；相反地，他們重視教育，肯為孩子投資，人人都稱讚他們是溫暖又了不起的父母。原來，問題出在聰明的孩子善於察言觀色，不需要花太多時間就知道怎麼做才會讓父母滿意。經過面談，這才發現約書亞自以為必須取得好成績才稱得上是父母的驕傲，因此他一再強迫自己前進，同時又擔心有一天會讓父母失望，因而造成心中的不安。

約書亞的問題行為與嬰幼兒在語言發育尚未完全之前，會以扔東西或用手拍打頭來表達難受、煩燥情緒的方法沒有太大區別。成年人在成長的歲月中才慢慢學會控制「悲傷」和表達感受的方式；但對於還不是那麼了解自己情緒狀態的孩子，卻希望他們主動告訴大人「我覺得很痛苦」，無疑是過分的要求。其實如果和孩子相處得夠久，就不難發現孩子異常不聽話時，多半是心裡感覺特別難受的訊號。針對約書亞的問題，學校尋求小兒精神科醫師與教育部所屬的兒童諮商師等許多專家一同討論，發現這樣的故事並不僅僅發生在約書亞一個人身上，還有許多感覺自己「在學校裡沒有人真正了解我」、「周圍的期待讓我感覺壓力很大」的「約書亞型」孩子，正迫切等待時機到來，得以學習如何傾聽自己內心、調節情緒。

孩子不需要過度包裝

韓國教育人士對冒牌者症候群展現極大的關注，是有特別理由的。根據二〇一三年的一項研究，少數群體的孩子會比其他種族出現更嚴重的冒牌者症候群現象，尤其是亞裔學生。例如「亞洲人的數學都很厲害」這樣的刻板印象，讓孩子產生必須符合社會期待的負擔感。不僅如此，東方家庭中，父母參與孩子學校生活的比例普遍偏高，亞洲的孩子有更多機會暴露在他人的評價中。這讓人不免想到整個社會都籠罩在教育熱潮中的韓國，有多少孩子因為對自己感到不確定、自信不足而時時刻刻戰戰兢兢。看看我們的周遭，會發現那些順利考上名校，看起來好像什麼都不缺的孩子，實際上卻長期處在學業壓力帶來的痛苦中。孩子無法逃避學業壓力，而父母能給他們什麼實際的幫助呢？

我認為最重要的是保持平常心，讓孩子相信無論發生什麼事，父母都是自己「永遠的支持者」。當孩子考試分數不佳或學習態度不好時，比起訓斥，父母更需要去了解孩子的困難點在哪裡，並給予幫助。如果父母和孩子無法找出問題所在，那麼尋求班導師或其他教育專業者的協助也是很好的方法。不要只是一味要求孩子學習、學習、學習，父母應該考量孩子目前處於什麼發展階段，留意不要造成過度的壓力，同時也要提醒自己避免對孩子的課業成績表現出情緒性反應。

父母與教育專業人士（例如老師）互相分享孩子的狀況，在孩子的學習和情緒發展方面都有很大的效果。雖然不是每個孩子都像約書亞，在學校和家庭出現極大的差異，但父母與老師若能積極分享彼此的資訊，對掌握孩子心態會有更具體的效果。但可惜的是，我在教職生涯中，幾乎遇到的都是急於包裝、只想隱藏孩子缺點的家長。這種態度不僅出現在面對老師時，還會延伸到周圍親友、補習班等，也就此錯過了能為孩子提供幫助的機會。

當然，父母很難對別人坦然說出自己孩子的缺點，因為會擔心別人對孩子產生偏見或不好的印象，所以總是小心翼翼。況且在東方社會，如果孩子行為出現問題，感覺好像都是父母的錯，所以要是說出孩子的缺點，會像是拿石頭砸自己的腳一樣。但要注意的是，過度包裝、誇飾孩子，則會讓孩子認為「就是因為我不夠好，所以爸爸媽媽才會對別人說那種話」。如果你還猶豫該不該坦誠分享孩子的狀況，請記住，父母和老師應該要有共同的目標，就是要「一起好好教育孩子」。

回到約書亞的故事，所幸他的父母發現問題，並主動據實以告，積極向學校求助，這對於因天賦異稟而感到壓力、不安的約書亞來說，是最大的幫助和支持。比起面子，約書亞的父母更重視孩子的心理健康。在家長與學校的合作下，約書亞了解到自己的那些擔心都是不必要的，並學習如何認識自己的情緒，也慢慢鼓起勇氣，用健康的方式表達。當孩子相信就算自己不完美，依然足以得到許多愛，自然也就不再需要戴著面具生活了。約書亞的例子讓我後來成為人母之後，也以孩子的身心健康發展為優先，而非一味只想教出乖乖聽話、努力學習的孩子。

讓孩子長出健康的自我

要培養擁有健康自我概念的孩子，首先要思考「自我是什麼」。自我是對自己的認知，簡單來說，就是用什麼樣的角度看待自己。具有健康自我概念的孩子會散發無所畏懼、充滿自信的能量，在成長中不會把重心放在與他人比較、挖掘自己的缺失上面，而是會完全集中於自己的發展。

孩子的自我來自爸媽

精神分析師表示，孩子的堅實自我來自於與養育者之間愛的累積。剛出生的嬰兒，具有想與攸關自己生存的養育者建立親密關係的欲望。根據這個欲望是否得到適當的滿足，孩子在與父母的關係以及看待自己的態度上都會發生變化。沒有得到養育者足夠關愛和照顧的孩子，可能會認為自己不值得被愛，而這種感受在未來也會帶來恐懼和不安。

相反地，充分感受到愛的孩子在與他人建立新關係時，會對自己賦予很高的價值。即使別人說了傷害自己的話，心裡也會堅信「我是值得被愛的人，是你誤會我了」。因為珍惜自己，所以自尊不會輕易受傷，並具有不會輕易因他人評價而動搖的堅定。

這種孩子的自我意識是始於何時、又是如何發展的呢？根據CASEL的定義，社會情緒學習的第一要素是「自我認識」，也就是將自己視為與他人不同的獨立存在。這種基礎的自我概念是每個人都擁有的，即使是才出生二、三個月的嬰兒，也能充分表現出把媽媽和自己分開的思考能力；而更有系統的自我概念和自我尊重，大約在一歲到十八個月這段時期會快速成長。說到自我認識的代表性實驗，就不能不提發展心理學家麥可・路易斯（Michael Lewis）和珍妮・布魯克斯—甘（Jeanne Brooks-Gunn），在一九七九年進行的「鏡子口紅實驗」。研究人員用口紅在孩子們的鼻子上畫一點，然後讓他們照鏡子。觀察結果發現，十八個月以下的幼兒大多沒有注意自己鼻子上有紅點，而十八個月以上的孩子則會從鏡子中意識到，甚至會嘗試用手抹去鏡子裡的自己鼻子上的紅點。

有趣的是，從鏡子中意識到自己而開始對「我」有認知的年齡，同時也是口語上開始使用「我」這個代名詞的啟始。想幫助孩子在嬰幼兒期自我認識，最有效的就是運用由孩子主導的遊戲或活動，不僅能培養孩子的自我認識，還能形成對周圍他人的信賴感，協助孩子表達。透過遊戲，孩子和父母相互刺激，產生像指示、共鳴等互動性強的行為，可以為孩子提供認識、探索自己的機會。

隨著自我意識加強，三、四歲的孩子會表現出將自己與他人區別、比較的行為，這個階段會明確地分辨「我是誰」、「和別人有什麼不同」。這時主要會以眼睛所見的外在表現為準，所以如果問幼兒園的孩子：「你是個什麼樣的人？」大部分可能會回答「我跑得很快」、「我是班上最高的」，表現自己身體能力或外表特徵。但接下來，很快就會發展到描述內在心理特質或與他人關係的階段。孩子的自我意識並非自己獨自建立的，而是會在觀察那些重要他人是如何對待自己、對自己有什麼看法的過程中形成，因此這個時期的孩子，會受到與自己在情感上親近的人很大影響。

小時候，畫畫受到稱讚，或是在作文比賽中獲獎的經歷，很可能會對自我產生很大的影響；經常被稱讚做菜好吃的人，在成長過程中則認為自己有料理天賦，這樣的正向自我意識，將成為挑戰烹飪比賽的積極動力。在得到支持的環境中成長的孩子，會覺得

「我其實還挺有天賦的」、「只要多努力一點，真的就可以做得很好」，因而給自己較高的評價。

不久前在YouTube上看到一個名為「film94」頻道的影片，這個頻道主要是把具有某個共同點的人集合在一起進行訪問，問題多半與對自我評價有關。例如，找來一些同為一九九四年出生的女生，詢問：「是否認為自己具備了一九九四年出生女性的平均學歷？」或是問首爾大學畢業生：「是否認為自己具有首爾大學學生的時尚感？」接著，再請受訪者自我評價，並解釋自己的想法。其中一次是找來兩位年薪相同的人，對自己的經濟能力進行評價，結果兩人的答案完全相反。一位對自己的年薪不滿意，表示正準備換工作；另一位則表示周遭的人都很羨慕自己成功進入大企業工作，展現出經濟上的自信。

在同樣的條件下，「自己眼中的我」擁有強大的力量，可以給自己很高的評價，但也很容易因此陷入自我滿足或不夠實際；相反地，若是對自己過於嚴格，又可能失去自信，因此保持均衡非常重要。為此，必須縮小「自己眼中的我」和「別人眼中的我」之間的差距，以形成客觀的自我概念。與父母關係緊密的孩子，在豐富互動的過程中成長，有利於形成較為正確的自我概念。例如嬰幼兒發出哭聲時，發現父母會迅速反應，就會從中學習到自己的行為會對他人產生直接影響；同時，嬰幼兒透過父母提供的各種反應和訊息而更了解自己，更可以藉此學習各種溝通方式。這些都會是未來成為某人的朋友、配偶、同事等角色時，需要具備的重要基礎能力。因此，父母若能在孩子幼年時就形成堅實的親密關係，等於是送給孩子一生的禮物。

連結親密牢固的親子關係

孩子上小學前，大部分父母對孩子的期待往往只是「吃好、睡好、玩得開心」。但隨著孩子慢慢長大，父母的期望會越來越具體。即使原本對孩子的成績沒有太大野心，當聽到其他「過來人」父母的經驗談：「凡事都要先準備好，以後才不會那麼累」，通常也會感受到莫名的壓力。

以韓國為例，在熾熱的升學考試競爭之下，父母也很依賴學校以外的私教育。根據韓國勞動與所得追蹤調查（KLIPS）的結果，在首爾地區會讓孩子進行校外輔導的家庭比率接近73％，加上雙薪家庭逐年增加，「放學時間校門口停滿安親班接駁車」的現象成為生活日常。在這種情況下，親子面對面相處的時間有限，家長們會傾向能讓孩子「刻在腦中」的「目的性談話」。但要注意的是，這類型的談話反而會為親子關係帶來不好的影響。

對父母來說，有沒有按時寫作業、有沒有聽老師的話、有沒有乖乖吃維他命等問題，反映的是自己有沒有「照顧孩子」；但站在孩子的立場，這些問題很容易被當作是父母單方面的「指示」。在忙碌的日常生活中，如果親子好不容易可以面對面交談的時間卻幾乎被這些制式問題填滿，使得安慰、愛與關懷的話越來越少，那麼父母會更無法了解孩子的內心。一旦這種模式持續下去，孩子就會得不到理解，而父母則是覺得一輩子都在為孩子犧牲奉獻，久而久之就會形成「互相埋怨的關係」。

方法①｜每天都要簡短對話

很久以前，在某個網路社群中看到一位父親分享與兒子的故事。他表示兒子已經上國中了，身為父親的他才後悔自己從未對孩子說過一句溫暖的話，於是開始努力修復親子關係，但是不知不覺進入青春期的孩子卻未能敞開心房。或許是在那段與父母溝通不足的時間裡，已經讓彼此的心產生了距離。

當然，不是每一位父母都能自然而然隨時與孩子談天說地，如果覺得有負擔，建議可以從每天十到十五分鐘開始，在自行設定的時間裡，盡最大努力與孩子對話，先創造出「真正對話的時間」。這裡的對話並不是指教訓孩子或提出問題、給予指示，而是專心傾聽孩子想法、情緒，就算是沒有意義、天馬行空的內容也無妨。這是「雙方溝通」的時間，與其煩惱該對話的主題，不如先建立交談的時間，這就是關係轉換的起點。

在《管理你的每一天》（暫譯自*Manage Your Day-to-Day*）一書中，收錄了耶魯大學法律雜誌主編兼管理大師葛瑞琴・魯賓（Gretchen Rubin）的故事。她對於自己如何養成寫作習慣，表示：「我有時也會只寫短短十五分鐘，不過，我從沒有一天停過筆。」也就是每天固定頻率形成習慣，才能成為實踐決心的原動力。

二〇一八年韓國知名兼職人力網站「兼職天堂」，針對十到十五歲的青少年進行問卷調查，結果顯示，有52％的人在一天當中與家人對話的時間不到三十分鐘。

這份問卷並未設定對話內容或溝通方式，如果再將條件規範得精準一點，更能看出現代人與家人之間真正分享心情的時間明顯不足。另一個以小學生為對象的問卷調查中，針對「希望與父母對話時間多久？」這個問題，最多人回答「每天兩個小時」，這等於是大部分家庭投入對話時間的四倍以上。現在3C產品充斥，一家人即便在同一個空間裡，常常都是各自使用手機或電腦、平板度過個人時間，因此要創造真正的對話，就需要更有意識的努力。

為了建立家人之間真正的溝通，可以在每天設定的對話時間裡，規定每個人都必須把手機調成靜音。嘗試一些陌生和不便利的事，是改變的捷徑。若是習慣了不對話，那麼就不會意識到家人之間不溝通這件事是有問題的，想改變的意志也會越來越薄弱。仔細想想，就算有人找，也不至於等不了十到十五分鐘吧？但這短暫的時間，卻是改善的開始。沒有什麼比我們與孩子的關係更重要，我們或許都該重新審視人生的優先順序。

方法② 對話時搭配小道具

不是每個父母都具備與孩子好好對話的能力，或許有人原本就喜歡與人交談，但我相信更多人並不擅長觀察對方情緒、進行適當的對話。這樣的父母應該會很苦惱如何說些孩子能領悟的話；面對一直重複同樣話語的孩子，又該如何回應才好。

與孩子分享各種話題、交換想法，對增進閱讀理解力和思考能力有很好的效果，但對原本就不擅溝通的父母來說，會是很大的關卡。不過，若能努力刻意進行有意義的交談，久而久之就會發現彼此可以交流的對話素材。

針對難以與孩子打開對話之門的家長，我特別推薦可以利用一些小道具，例如市售一些幫助增進親子互動的對話牌卡，像在韓國就推出「親子心靈對話卡」這類商品，不僅可以減輕尋找話題的負擔，還可以添加趣味；而孩子也會感受到父母對自己的重視，感覺和爸爸媽媽在同等位置交談，也就更勇於表達自己的想法。

在美國，為了建立同儕關係，學校會投入許多時間幫助學生進行「互相了解的提問」。從比較喜歡冰淇淋還是巧克力這種輕鬆的主題，到是否贊成流浪動物安樂死這類需要思考的嚴肅議題，對話素材非常廣泛。或許有人認為這些與課業無關，根本就是浪費時間，但是孩子對學校生活滿意度最關鍵的兩個要素，就是「與同儕的正向關係」和「歸屬感」，由此可知，溝通對話的練習是非常重要的。彼此分享想法，不只可以進一步了解平時與自己可能沒什麼交集的朋友，也可以擴展孩子的思考範圍。如果孩子從小常常有機會分享想法，對於長大後面對他人不同觀點、不同想法的理解力，以及自我意識的養成，都會有幫助。尤其是常常與家人對話的孩子，會自然而然在對話的同時培養觀察力，不管在學校或其他地方都能很有自信地與人交流。

方法③ 寫字、畫圖也可以

父母不一定都很擅長對話，當然孩子也一樣，一定有不喜歡或不知道如何說出自己想法的孩子。通常聽到「親子溝通」，第一個想到的是父母與孩子坐下來面對面談話。但是整理想法需要時間，有些比較細膩的孩子還會擔心對方的反應，因此有時候比起用說的，選擇以文字或圖片表達也是不錯的方法，可以幫助孩子尋找讓他感到舒適自在的溝通方式。

寫作或圖畫日記是社會情緒學習中表達心靈的代表性工具，特別是「日記」這個東西可以為孩子提供一個敞開心扉的空間。相較於一般作文，老師不會特別挑剔日記的文句是否通順、內容是否合乎邏輯。比起擔任審閱文章通順與否並修改的「編輯」，老師更應該先當個忠實的「讀者」，看看孩子覺得「值得寫（畫）出來的故事」是什麼內容。因此，主題和形式不要太侷限，就讓孩子自由發揮。若孩子的寫作經驗不多，或是對開放性主題不知所措，則可以給予一點「粗略的架構」來引導。

美國的學校裡經常出現的日記主題，是「我最希望老師知道的事」和「感謝日記」，尤其是前者，幾乎一直都是許多班級必寫的經典主題，更常常延伸為「我最希望爸爸（媽媽）知道的事」。如題目所示，是讓孩子自由寫給特定對象的心聲，因此是以孩子為主體，讓他決定想分享的內容，減少寫作的負擔感。從今天的心情到最喜愛的藝人、漫畫等，可以從中了解孩子最近熱衷什麼、對什麼有興趣，日後還可以作為家人之間對話的素材。其他有趣的題目還有「對第一次見面的朋友自我介紹」、「想對十年後的自己說……」等，都可以用來發掘孩子內心的想法和感受。

另一個經典主題是「感謝日記」。若說「我最希望老師（或父母）知道的事」可以讓孩子充分練習表達自我，那麼「感謝日記」就具備了培養孩子自尊的作用。每天運用一點短暫時間，思考並記錄值得感謝的事，不僅會讓日常生活的態度變得更積極，對於個性容易煩躁和負面情緒較多的孩子來說，也是一個觀察自己的機會。回想一天當中發生的事，練習將一些容易被輕忽的小事轉換成幸福，這個過程可以提高生活滿意度、減少抱怨和不滿。根據美國HeartMath研究所報告，三個月內每天寫感謝日記的小學生，比起以前未寫日記時，自我調節能力和身心平衡程度都提高了。美國加州大學針對鬱血性心衰竭患者進行的研究也顯示，越是能夠產生感謝情緒的患者，在睡眠品質和心臟功能方面都獲得較顯著的改善，憂鬱和發炎指數也減少了。另外，父母還可以視孩子的個性和寫作能力，一起進行「交換感謝日記」，相信可以為親子關係產生正面的影響。

孩子的學校生活，如何了解更多？

「你了解你的孩子嗎？」許多家長都會覺得，孩子越大就越難了解。媽媽好說歹說都不願意吃的小番茄，只因為同學一句「很好吃」，就毫不猶豫地塞進嘴裡；孩子一向最喜歡的玩具，因為受到朋友喜好影響，瞬間就被丟在一旁不聞不問了。隨著年齡增長，類似行為就會越來越明顯。對學齡期的孩子來說，同儕的影響力會逐漸大於父母，這是很自然的現象。

根據史丹佛大學的一項研究，這不僅是心理上的變化，還可以從腦科學的角度解釋。這項研究發表於二〇二二年，研究人員將母親的聲音和陌生人的聲音傳給不同年齡的孩子，然後觀察他們的大腦反應。結果顯示，從嬰兒期到十三歲的孩子，在聽到母親的聲音後，刺激獎勵系統的區域反應較活躍；而十三歲以上的青少年，在同一區塊則對陌生人的聲音反應較明顯。這表示根據年齡，孩子想聽的聲音會從母親轉移到他人。這個研究結果發布後，引起美國父母們熱烈討論，「現在終於可以理解青春期的孩子為什麼會有那些行為了」。對這個階段的孩子來說，同儕關係在許多方面意義更大，因此若想維繫良好的親子關係，父母就要努力了解孩子社交經驗的主舞臺——學校生活。尤其這個時期的孩子在學校或補習班度過大部分時間，如果父母能多關注孩子的學校生活，就可以得到豐富的對話素材，相對增加與孩子交談的機會。但實際上許多父母詢問孩子「在學校過得怎麼樣」時，往往只得到「不知道」這樣不情願的模糊回答。「你在學校待了那麼長的時間，怎麼會不知道？你到底在想什麼？是不是有什麼煩惱？」一旦這樣咄咄逼人地質問，往往只讓孩子更想隱瞞，父母則是更擔憂或不悅。

冷靜想一想，若是還在念幼兒園或小學低年級的孩子，可能是因為還不懂得如何表達，才會有以上反應。因為這個時期的孩子對於一整天所經歷的各種事情，還沒有辦法掌握、分辨輕重及感受，就算自己可以抓住重點，但要把內心的情緒好好描述出來也不容易。因此，父母可以在平時先講述自己這一天的工作或發生了什麼事，讓孩子在耳濡目染中自然了解如何表達情緒和想法，久而久之就會懂得分享。若父母還具備了「發問」的技巧，就可以引導孩子說出更豐富的內容。舉例來說，比起「午餐好吃嗎？」、「和朋友玩得開心嗎？」這類比較抽象的提問，可以改成「今天學校的營養午餐中，你覺得什麼最好吃？」這種更加具體的問題，進而引導孩子回想細節。如果孩子還是回答「不知道」，那麼就試著改變方式，在孩子上學前像交付任務一樣：「今天到學校記得你最好的朋友穿了什麼顏色的T恤」、「把今天午餐最喜歡的那道菜寫在便條紙上」，用比較趣味的方式與孩子進行學校生活的溝通。

如果是小學高年級或國、高中的孩子，因為正進入或正值青春期，會想擺脫父母的控制，渴望擁有自主權，因此如果父母仍以強勢主導的方法，很容易和孩子埋下矛盾。面對這個時期的孩子，父母應該先排除自己的情緒，站在觀察者的立場，這樣對改善關係比較有幫助。舉例來說，假如用：「你什麼時候才要開始看書？」孩子會覺得父母不信任自己而採取防禦姿態；若改以提醒的方式：「兩週後就要期中考囉。」由於考試是客觀事實，孩子自己也明白，因此比較不會引發反感。父母應該先放下批判的態度，展現傾聽的姿態，相信就算不是立即見效，孩子的心也會慢慢敞開。

正面對話，問題不再是問題

習慣了每天和孩子分享想法後，就可以思考進行正式的對話。約翰・高特曼（John Gottman）教授是二十世紀最有影響力的心理治療師之一，他認為在關係中維持幸福的方法是運用五比一的「魔法比例」（magic ratio），也就是當對話中出現一個負面表達時，就要有五個正向回應。高特曼主張，如果少於這個比例，會讓對方感覺不受尊重，影響彼此關係。不過實際上要實踐並不容易，因為父母在觀察孩子的一舉一動時，可能更會注意需要糾正的地方；更何況，已經習慣的對話方式也不是可以馬上改變的，需要長期的心靈教育，而父母本身也需要情緒練習。所以如果希望現在馬上能取得效果，就必須將負面表達轉化為正向表達的「正向增強對話法」。

這是前面提到的詹姆斯・科默博士在紐哈芬（New Haven）計劃中的重要方法。比起指出孩子的問題行為，他認為更應該說明正確的替代方案。例如，看到孩子在教室或走廊跑來跑去，用「放輕腳步」、「慢慢走比較安全」代替「不要跑」的表達方式會比較好。實際執行後，結果令人驚訝，傳統都以為強迫的訓育方式才能有效糾正孩子的行為，但運用正向增強對話法反而讓孩子更願意聽從教導。

暢銷書作家兼演說家賽門・西奈克（Simon O. Sinek）對此表示：「這是因為我們的大腦對於被認為不該做的事情，會特別專注。」西奈克指出，人類的這種思考方式源自於過去依靠狩獵維生的老祖宗，因為比起記住周圍環境中的安全事物，不如牢記哪些是危險的，才能提高生存機率。因此人會對負面的事物有強烈反應，並更容易留在腦海中，所以當孩子們聽到「不要跑」的瞬間，腦中會浮現跑步的行為。我們再把這種現象與不成熟的自我調節聯想在一起，就能理解為什麼越不准做的事，孩子反而越想去做。

因此，向孩子傳達指示時，要提醒自己把負面表達轉換成正面的話語。當孩子專注力不足而分心時，避免劈頭就說：「不要東摸西摸！」應該觀察是什麼讓孩子分心，再肯定孩子：「剛才那一分鐘你很專心，看起來很棒喔！」藉由強化正面話語喚起孩子想更努力的心。

正面的話語也有助於改變父母看待孩子的角度。不同於把重點放在肉眼可見問題的「指摘型對話」，若要給予稱讚，父母就必須用心找出孩子的優點。在這個過程中，父母會理解到教育孩子的目的不是訓斥，而是引導孩子做出正確的行為；同時，也會努力避免故態復萌，以防隨便就脫口說出負面的話語。

同樣一句話，會因為表達方式的差異給人不同感受。帶著尊重的表達方式，可以為親子之間的情感加溫，如此一來，問題將不再是問題。

強化自我覺察必備的後設認知

二〇〇二年開始播出的美國著名訪談節目《菲爾醫生》（*Dr. Phil*），是由心理學家菲爾・麥格勞（Phil McGraw）主持。他在聽完來賓的煩惱與正在做的事情，經常會提出這樣的問題：「現在你覺得怎麼樣？」這個問題成為來賓以第三者的角度檢視自身行動的機會。有些來賓在從菲爾醫生那裡得到特別解決方法之前，往往藉此機會自我省察，找到新的解決管道。套用在親子對話中，也可以利用這種啟動「後設認知」（metacognition）的方法，讓孩子正確面對自己的處境，幫助思考解決問題。

後設認知是指「判斷自己想法的能力」，這包括了區分自己知道和不知道的事，以及在什麼時機、如何使用解決問題的方法。不過大多數父母常因為自己是大人，比孩子知道更多答案，所以很容易直接提出解方，而忽略了給孩子自我省察的機會。

「你只要照媽媽說的去做，就可以輕鬆完成。」
「我這一切都是為你好。」
「你不懂，聽我的，這個真的很好吃。」

以這種觀點建立的關係中，父母的言行會原封不動地滲出控制孩子的欲望，讓孩子感受不到被尊重。換季期間每天叨唸出門不帶外套晚上會冷；孩子不喜歡黏糊糊的感覺卻被要求抹防曬霜，這些聽在孩子耳裡都是嘮叨。當然，以短期效益來看，聽父母的話可以讓孩子少走許多冤枉路，但那些基於父母的焦慮而預先提出的解決方案，對孩子來說很難領會。唯有自己親身經歷過不便、不舒服的狀態，孩子才會領悟到自己所想的方法必須改變。

回到學習方面，對課業不感興趣的孩子，即使父母幫他報名很好的補習班，也很難建立學習目標；買再好的原文書，孩子也不會像魔法一樣，立刻就愛上英文。這是因為參與動機並非來自於孩子自身，而是父母給予的。如果借用菲爾醫生的提問，給孩子創造回顧自己的後設認知時間，結果就會不同。

「你怎麼想？」
「你想怎麼做？」
「你需要什麼？」

幫助孩子提高後設認知的提問，是沒有正確答案的開放式提問。父母要告訴孩子的只有已知的訊息和經驗，例如「今天白天氣溫二十二度，但聽說晚上會降到九度，所以媽媽會多帶一件外套出門」。這句話充分說明已知訊息、家長的做法，也包含了尊重孩子選擇的態度，讓孩子自己思考「我要怎麼做」。對於不喜歡防曬霜黏稠感的孩子，可以簡單說明紫外線對皮膚的影響，並準備好適合的產品讓孩子自己決定要不要擦，這樣會比每天嘮叨更有效。「玄關櫃子上放了清爽的防曬霜，如果你想擦再跟我說」，只要這樣講就夠了。

透過後設認知，可以讓孩子自己意識到什麼樣的做法會造成不便，並累積解決問題的能力，這才能教孩子如何釣魚，而不是直接給孩子魚。隨著孩子漸漸長大，總有一天會脫離父母，若從小就能扎扎實實累積後設認知能力，那麼將來孩子獨立生活時也能過得幸福。

主動性是學習能力中不可或缺的。二〇二〇年七月，韓國SBS電視臺播出一個特別節目，探討因為新冠疫情期間學校停課，必須改成線上課程，衍生出「孩子真能獨自學習嗎？」的議題。節目中許多父母反映不能到學校上課，孩子的專注力可能會下滑，在家學習容易浪費寶貴的時間。但教育專家卻提出相反的分析，認為學習力下降的肇因並不是線上課程，而只是暴露出過去都是單方面下指令的「展示型學習」，但因為孩子都到學校上課，所以父母沒能察覺。其實回到問題的本質，應該是缺乏主動性。若孩子不清楚自己為什麼要學習，那麼要專注學習、對學習產生興趣當然就很難了，這是因為省略了讓孩子自己思考來形成動機的重要過程。為了將長期學習的價值資產傳給孩子，在孩子還小時，父母最應該做的不是叫孩子一直坐在書桌前看書，而是要幫他們「掌握自主學習的能力」，也就是培養後設認知力。

方法①｜給孩子專題式學習

美國的資優小學從很久以前就開始以專題式學習（project-based learning，簡稱PBL）為基礎授課。專題式學習是指擺脫過去由教師制定的教學方式，不再透過固定型態的考試評量孩子的學習成就，而是讓孩子透過親自探索、討論，達成學習目標。知識並非傳達，而是形成。正如愛因斯坦說的：「每個人都是天才，但是，如果你用爬樹的能力來評斷一條魚，魚將終其一生覺得自己是笨蛋。」同樣的問題，每個人的理解能力和學習方法都不一樣，因此很難用單一化的標準進行評價。

位於西雅圖的資優小學，一年級的孩子在科學課時間來到遊樂場溜滑梯。這學期科學課的專題式學習給孩子的任務是「如何讓球可以快速移動」，老師的角色是協助孩子制定計劃再進行評估。任務一出，孩子們開始提出想法，找到與自己想法差不多的同學組成小組，努力透過討論尋找證明的方法。討論過程中，孩子們發現球的大小、天氣狀況可能會影響速度變化。於是在下過雨的隔天，孩子們來到濕漉漉的溜滑梯上，以實際行動證明球滾動的速度會加快。這堂課以專題式學習為基礎，讓孩子藉由球往下滾動驗證了牛頓運動定律，同時也靠著啟動馬表，親身感受到時間的概念，可說是結合各種體驗直接創造活生生的知識，而這就是專題式學習的益處。

尤其專題式學習與後設認知能力的提高有密切關係，因為孩子可以掌握更多主導權，能因此持續獲得練習計劃、執行、調整、評估等策略性思考的機會。為了完成任務，孩子必須先經過計劃、收集資訊；在進行的過程中，也會學到要隨時檢視哪些是已知、哪些必須去尋找答案，以及如何尋找新事證來證明自己的推論是否正確，或是如何修改可以更完善。這種積極的學習氛圍可以讓孩子發掘屬於自己的學習方法，對後設認知能力的成長也有正面影響。

我相信，只要有合適的環境和練習的機會，孩子都能發揮主導學習的能力。但若父母總是先出面幫孩子制定學習計劃，那孩子就會失去自主思考的機會，這樣會導致後設認知力的停滯或退步。不過，現在專題式學習在韓國並不普遍，家長們應該怎麼做呢？答案就在父母和孩子的對話中，也就是觀察孩子對什麼感到好奇、什麼狀況下會提出「為什麼」，例如放學回家在路上看到麻雀拍動翅膀飛翔、賣紅豆餅的餐車冒出裊裊上升的熱氣、冬天裡碰到媽媽的手時一瞬間微微刺痛的靜電等。從這些日常瑣碎的事物中，就可以發展成專題式學習，進行開放式對話。

學習各種知識對孩子來說可能有壓力，因此父母可以傳達給孩子「了解一件原本不知道的事很酷喔」這樣的意識，並認真看待孩子提出的問題，不要每次都馬上告訴孩子答案，而是應該反問「你認為呢」，創造孩子自我回顧的時間，這對提高後設認知力會產生正面影響。讓孩子習於尋找學習與生活之間的連結，思考「為什麼要學這個？」「這個對生活會有什麼幫助？」，都會成為孩子主動探索、積極學習的動力。

方法②｜營造專注的空間

「老師，其實我第一次到教室來當志工時，真的嚇了一大跳，孩子們居然都躺著。」這是因工作從韓國外派到美國的家長說過的話，當時他的孩子來到美國就讀小學二年級。其實從電視或電影中可以看出來，美國的學校上課氣氛比韓國要更開放、輕鬆。比起靜態授課，美國的學校更傾向於給孩子可以更便於活動的授課環境。大部分班級教室裡都有軟綿綿的氣墊或幫助訓練平衡的圓形椅子、瑜伽球等，甚至在某些教室還可以看到兒童沙發或電視。

乍看之下，這些設備似乎更適合放在兒童餐廳。這些用具名為「flexible seating tool」（彈性座椅工具），其中「flexible」一詞有靈活、柔軟、有彈性的意思，不過在這裡我會當作是形容孩子的自律性。學校透過這些用具，營造出讓孩子專注於自己身體、自行判斷如何行動的環境。特別是在老師唸繪本或進行班級討論、閱讀時，並不會限制孩子一定要坐在座位上，他們可以任意移動，因此經常可以看到孩子在教室裡或躺或趴。

看到這樣的景象，相信很多父母會擔心，如果孩子習慣太自由的環境，會不會就無法靜下心、坐不住了？如果孩子不太會用筷子，父母要做的不是給他一支叉子，而是先給他一些方便夾取的菜餚，讓孩子增加成功率、提高信心，進而更願意使用筷子。同樣地，如果孩子很難乖乖坐好，對應方法不是剝奪他的自由，而是逐漸增加維持正確姿勢的訓練時間。要注意的是，孩子在許多方面尚未發育完全，如果過度要求長時間維持固定姿勢，反而可能會造成專注力低下的反效果。

選擇適合自己的環境，是將來上大學或出社會後都需要的能力，因此要幫助孩子從小學習了解自己的專注力在什麼環境下感覺最舒適、最能夠專心。成年人需要專心時，會選擇去圖書館或比較安靜的咖啡廳，也就是對自己來說容易集中注意力的地方；但我們卻要求孩子「坐在書桌前不要亂動，要抬頭挺胸」，這也許是因為過去所處的教育環境，一再強調端正坐姿對學習的重要性，認為散漫的姿勢就代表不專心。但換個角度想，姿勢本身其實並沒有那麼重要。當我們疲累時也會躺著看書，注意力不集中時會起來走動，比起端正姿勢，或許「重置」氣氛反而會更有效。

若家有學齡前的兒童，建議可以帶孩子嘗試在不同的空間裡閱讀，透過這種方式引導孩子察覺自己能否專注，進一步找到適合自己的「最佳閱讀空間」。這就像前面所述透過遊戲培養後設認知力，對於提高長期學習情緒和自主能力，會比父母的任何指示都還要有效果。

方法③｜整理一週的「離場回顧」

如果不想讓孩子錯過教室裡每一瞬間的學習，那麼用自己的語言表達理解的內容就非常重要。每週五最後一堂課結束前，我們班的學生就會開始製作「離場券」（exit ticket），這張離開教室的票券，具有回顧一週的意義。

離場券大致會有三個問題，第一是這一週覺得最難的內容。在學期初，大部分學生會在這一欄裡寫下考不好的科目。但隨著一週一週過去，慢慢地學生會領悟到如何找到屬於自己的學習方法，不只成績會進步，思考方式和態度也都會發生變化。

像「我國語好，數學不好」這類停留在片面的認知，會讓孩子以此判斷自己沒有數學天賦。然而，如果用「為什麼每次考數學時我都會特別緊張」這樣的方式提問，就能先揪出原因，再努力尋找消除不安的方法。這也是一種後設認知訓練，可以延續制定對策的心態。

離場券的第二、第三個問題，也是為了回顧一週學校生活而設計，分別是寫下這一週的新挑戰和最愉快的回憶。這不僅具有引導孩子在學校生活中不斷進行新鮮嘗試的效果，還可以從中挖掘出連自己都沒發現的興趣。

每週學生製作的離場券會保存在各自的文件夾裡，在學期末發還給學生。學生在查看一整個學期累積的離場券時，常常都會感到驚訝，「我都沒發現原來美術課是最開心的課，我寫了好多次呢」、「這學期嘗試了很多新的方法做筆記，現在回想起來，真的有很大的幫助」。孩子回顧自己記錄的資料時，也會重新檢視這一學期自己無意中錯過的經歷和成長。很可惜，這個方法目前在韓國並不普遍，大部分的孩子都還沒有機會這樣回顧自己或表達想法。

在二〇一一年出版的《韓國語聽力教育論》（暫譯）中，作者梁明姬教授與金正南教授將一般成人在日常生活使用的功能，分為「聽」占45％、「說」占30％、「閱讀」占60％、「寫作」占9％。但是在韓國校園中的實際課堂上，「聽」足足占了60％的時間，發言時間也是以制式回答正確答案為主，很少有機會闡述自己的想法。像「第三題的正確答案是什麼？」、「『開心』是什麼意思？」這類單一正確答案的問題，雖然有助於確認孩子是否學會了相關知識，卻未能給孩子深刻思考與擴展想法的機會。因此，在家中就更需要父母給孩子機會發表意見。

「為什麼覺得第三題最難」、「如果你是老師，在今天學到的內容中，你會出什麼樣的問題」、「有沒有什麼曾經讓你覺得『興奮』的經歷，分享一下吧」，像這類能夠表達自己想法的問題，就可以幫助孩子培養判斷力，分辨「我知道的事」與「需要學習的事」，並為自己取得的成就感到自豪。

建立樂於學習的成長型思維

避開有毒的讚美

二〇〇七年《紐約時報》報導了史丹佛大學教授卡蘿・杜維克（Carol S. Dweck）的研究，她以紐約市四百名小學五年級學生為對象，提出了應該重視成長型思維的根據。德威克博士已經連續十多年研究稱讚對孩子的影響，她主張大人對孩子說的話語不僅能改變孩子的做事能力，還會讓孩子的自我意識產生變化。

在研究中，她將參與實驗的孩子分成兩組，讓他們進行同樣簡單的拼圖遊戲，在完成時給予不同的反應。她對第一組說：「真聰明，看來你對拼圖很有天分呢！」以肯定孩子的智力；對第二組的孩子則平靜地表示「看得出來你很努力」，藉此回應孩子的努力。接著研究人員拿出兩張紙，分別寫了兩個問題，讓兩組各選擇一個帶回家寫。在選擇前，還特別強調第一張紙上的問題與第一個拼圖很類似，而第二張紙上的問題更難，但也更有趣。兩組孩子會如何選擇呢？

兩組的選擇完全不同。被稱讚聰明的第一組孩子，大多選擇與之前相似的簡單問題，而被稱讚很努力的第二組，90％以上都選擇比較難的問題。針對結果，德威克教授分析表示：「『聰明』的稱讚讓孩子戴上『不管怎麼樣都必須看起來很聰明』的面具；而被稱讚努力的孩子，則產生了挑戰難題的動機。」

隨後又進行第三次實驗，產生了更驚人的結果。這回為了觀察孩子面對困難的態度，設計了以非常困難的問題組成的試卷。在解題過程中，兩組顯然都遇到困難，但在態度上大不相同。「努力組」表現出積極解決問題的意志，而「聰明組」卻是一意識到困難就馬上失去信心。即使研究人員後來又出了一道比較簡單的問題，兩組的成績也出現明顯差異。「努力組」的整體分數比前次多了30％，而「聰明組」卻退步了20％。研究人員認為，「聰明組」的孩子成績之所以會下滑，是因為「期待帶來的壓力」，因此發出警告，稱讚可能也會成為毒藥。

德威克博士進一步解釋，人有兩種思維模式，一是相信「能力是天生」的固定型思維，另一個則是相信「只要透過練習、努力也可以進步」的成長型思維。固定型思維讓人相信與生俱來的才能和潛力無法改變，雖然根據個人的選擇和努力，或許會有所影響，但基本上都在限定的範圍內浮動。

著重於固定型思維的人，對於自己擅長的事會很自豪，但是一遇到無法一次解決的問題，或從別人那裡得到負面評價時，很容易就會喪失信心和鬥志，覺得自己無論多麼努力也無法像有天分的人一樣做得好。就像德威克博士研究中，得到「聰明」讚譽的紐約小學五年級學生，以及前面提到西雅圖的約書亞一樣，遇到失敗很容易自貶。比起努力，他們更注重結果，認為「頭腦不好的人才需要努力」。為了證明自己的優越性，會用各種標準衡量自己與他人，在成長過程中可能會經常感到自我矛盾。

相反地，運用成長型思維的人相信透過努力可以完全發揮自己的能力，會把他人的成功作為動力。因為相信努力也能達標，所以會從成功人士的經驗中尋找值得學習的地方，而不是浪費時間去嫉妒他人。由於具有持續成長的信念，因此即使當下並不順心，也會認為從長期來看只是過程。著重成長型思維的人，比固定型思維的人更有毅力、喜歡挑戰。總而言之，成長型思維讓人不會為自己設限，勇於嘗試各種可能。

德威克教授表示，一般來說，孩子比較能發揮成長型思維模式。幼兒期的孩子不管自己的咿咿呀呀是否成功傳達了什麼意義，都會持續發出聲音。進入學步期也是，雖然每邁出一步都很不容易，還常失去重心一再摔倒，但還是想繼續走下去，從搖搖晃晃到蹣蹣跳跳，可以看出幼兒期的孩子對自己有信心，相信自己可以做得好。但是長大後，透過「做得好」或是「好好做」這樣的稱讚或支持，學習到重視成果的社會標準，固定型思維逐漸支配我們的生活。問題是，對評價產生恐懼的孩子，為了避免得到負面評價，可能乾脆先放棄挑戰。看到一些孩子明明頭腦很好卻不努力，可以發現越成長就越容易失去成長型思維。思考方式會左右孩子看待世界的目光，可說是決定幸福的關鍵。

如何將成長型思維融入生活？

培養孩子成長型思維最好的方法，就是周圍的大人先以身作則。但日常環境中的話語，卻很容易讓孩子否定自己的發展潛能，例如：

比起孩子的努力，更重視考試分數：「這次考了九十分，還不錯。」

與其他孩子比較：「隔壁鄰居家的佑鎮七歲時也做不到，但是八歲就做到了。」

設定孩子的界限：「你果然遺傳到我，文科比數理強。」

那麼，什麼樣的話語可以幫助孩子擺脫害怕失敗的恐懼呢？

提高成長型思維的對話方式，可以多使用「可能」或「原來是這樣啊」，讓一句微不足道的話裡，包含著想要理解對方的心意。父母在開始情緒化嘮叨之前，先考量孩子的立場，讓孩子感受到自己是被接納的。在情緒安定的環境裡，孩子就不會有凡事想一蹴可幾的衝動，因為他知道，即使失敗了也可以得到安慰，即使出錯了也有人可以理解。另外，除了話語，父母的這種心情若也能反映在日常生活中，會效果加倍。

方法① 樹立「出錯」的榜樣

我每學期初都會特地找一天，帶著悲壯的心情，穿著舒適的衣褲上班。在進教室前先深呼吸，然後像平常一樣走向講臺，再突然以誇張的動作摔倒，手中滿滿的資料和色鉛筆一股腦全撒在地上，嘴裡還不忘說道：

「哎呀，完蛋了！今天怎麼這麼倒楣啊！色鉛筆都掉在地上，我看也不用撿了，說不定全都摔斷了啊。」

這時目睹一切的孩子會有什麼反應呢？聽到老師居然也會說「完蛋了」、「倒楣」、「不想把掉落的色鉛筆撿起來」，一定覺得很奇怪吧。許多大人會對孩子說：「失敗了也沒關係。」但是當自己面對挫折時卻先放棄，看在孩子眼裡是很矛盾的狀況。我們總是要孩子找一個成功的榜樣，但其實失敗也需要榜樣。老師如此犧牲以身體搞笑，就是希望藉此讓孩子觀察學習，刺激成長型思維的活化。

「老師，不要放棄，我們幫您。」

「如果色鉛筆摔斷了，那我們就先去隔壁班借吧。」

全班同學七嘴八舌、齊心協力幫老師想辦法解決問題。一向端莊的老師突然展現出有違平時形象的一面，成為「不該學習的榜樣」，卻也創造讓孩子擺脫固定型思維，轉換為成長型思維模式的機會。在家中，如果父母也能放下身段，表現出適當應對自己失敗時的態度，就是讓孩子感受「成長型思維」最好的身教了。

培養孩子成長型思維的父母，不會總是表現出完美的樣子，而是會真實呈現「即使遇到阻礙，也不斷努力克服」的過程。當寫錯字、不小心打翻飲料時，如實說出當下的感受也是很好的方法。「打翻了沒關係，下次把杯子放近一點再倒飲料就好」，透過父母的表達方式，也能間接刺激孩子的成長型思維。

方法② 強調「沒有人一開始就知道」

關於成長型思維模式的書籍和影片不斷更新，但是總有一些值得一再回味的經典，美國著名的非營利教育機構「可汗學院」（Khan Academy）製作的影片《你可以學習任何事》（*You Can Learn Anything*）就是其中之一。在短短一分三十秒左右的影片中，可以看到大文豪莎士比亞也是從一個字母、一個字母開始學習；愛因斯坦也有不會從一數到十的時候。看看那些成功的人，比起他們的努力，我們往往更憧憬他們與生俱來的才能。因此我讓孩子們看那部影片，並交給他們一項功課，就是在自己喜歡的領域中選一位他們認為成功的人物。

這個作業的重點有一些不同，比起成功人士的成果，我希望孩子更著重在過程，例如他如何學習、經歷過哪些失敗。臉書的創辦人祖克柏（Mark Elliot Zuckerberg）要有今日的成就，必須先學會電腦和程式設計，他在過程中也遭遇過許多難關；韓國的奧運滑冰金牌選手金妍兒，為了在比賽時有最好的表現，也不斷練習，還要學習如何在摔倒時避免受傷。這些大家以為無所不能的偶像，實際上也跟我們一樣會經歷失敗。從這一點來思考，就會發現所謂「天生的」巨星們，走過的路其實和你我很相似，並非一路順遂。了解這個事實後，就足以產生不放棄前進的動力。

方法③｜轉換看待「失敗」的角度

作家夏綠蒂・瓊斯（Charlotte Foltz Jones）的著作《小錯誤大發明》（*Mistakes that worked*）中，包含了四十多個因偶然發生的失誤而意外成功的故事，最具代表性的例子就是人類最早發現的抗生素——青黴素（俗稱盤尼西林）。據說最初是英國生物學家亞歷山大・弗萊明（Alexander Fleming）在實驗培養皿中培養葡萄球菌時，不小心打開蓋子卻不自知，然後就休假去旅行了。等他回到實驗室時，發現培養皿中有個角落長了青黴菌，這才發現黴菌可以殺死細菌。

因為打開培養皿蓋子的失誤，意外發現後來挽救很多生命的抗生素，並讓弗萊明獲得諾貝爾生理學或醫學獎。還有一個例子與我們日常生活中喜歡吃的食物有關，就是香脆的洋芋片。據說最初是美國一間餐廳的廚師喬治．克魯姆（George Crum），因為某位客人不滿意馬鈴薯切得不夠薄；雖然克魯姆努力切得很薄，但客人還是頻頻抱怨。最後他乾脆把切成薄片的馬鈴薯炸得酥脆再灑上鹽，讓人用叉子也叉不起來，卻意外成為今日人人一吃就停不下來的洋芋片。

「如果沒有失誤，世界上就不會有青黴素和洋芋片！」
「不覺得應該感謝他們的失誤嗎？」
「如果喬治中途放棄，今天就吃不到這麼好吃的洋芋片了。」

一時的失敗，在長遠的日後再回頭看卻被視為福音。孩子看到這些例子，也會學習面對失敗不再感到挫折、羞愧的態度。就像愛迪生說過：「我沒有失敗，只不過是發現了一萬種不可行的方式」，重點是要培養把失敗當作成功跳板的心態。

方法④｜信賴孩子大腦的可塑性

我們經常形容孩子的大腦柔軟如海綿，並相信人類的大腦在嬰幼兒時期急速發育，到青少年時期就成長完畢。事實上，一直到六〇年代，大多數科學家都同意這樣的假設，也就是人類在出生時會擁有一定數量的腦細胞，其中一部分會隨著年齡增長而受損或消失。但是到了一九九〇年代後，隨著深層的大腦科學研究活躍起來，我們對大腦的理解也比以往更深入。「大腦的可塑性」被認為是近百年來腦科學的最大成就。

二〇〇〇年刊登在《美國科學家》（*American Scientist*）雜誌上的一篇文章中，將大腦的可塑性定義為「大腦的神經迴路在結構上、功能上透過外部刺激、經驗、學習而發生改變和重組的現象」。這代表不管什麼年齡，大腦都可以不斷發展，透過學習和經驗，持續製造新的連接迴路或造成現有連接迴路的變化。

在實驗中，研究人員先讓參與者聽類似摩斯密碼的聲音，並透過核磁造影（MRI）觀察他們的大腦反應。結果發現，比起一般人，視障者大腦中的聽覺皮質反應更敏銳。研究人員認為，這就是根據用途和需要可以靈活變化的大腦可塑性。同年，愛蓮娜・馬奎爾（Eleanor Maguire）教授在《美國國家科學院院刊》上發表論文，證明透過外部刺激和反覆經驗，大腦神經細胞會增生，進一步驗證大腦可塑性的事實。她利用如蜘蛛網般複雜的英國倫敦市區街道，來測量計程車司機大腦中海馬迴（hippocampus）的變化，令人驚訝的是，越是資深的司機，腦中海馬迴後部的灰質（grey matter，即腦中負責處理資訊的神經細胞）越多。這些研究案例讓教育界原本對智力的觀點發生巨大轉變，進而成為一股原動力，開啟成長型思維和成功之間關聯的研究。

在美國，許多小學至今仍持續在教室中進行啟發成長型思維與大腦可塑性的對話。雖然依照孩子的年齡，引用的專業用語或知識範圍會有差異，不過「大腦透過新的經驗創造新的神經迴路，同時原本的神經迴路也會改變」這個基本理論，現在也應用在滿五歲孩童就讀的幼兒園內。

麗莎・布萊克威爾（Lisa Blackwell）被稱為研究成長型思維模式的代表人物，她在兒童發展學會（Society for Research in Child Development）的期刊上，針對「成長型思維與大腦可塑性對孩子成績的影響」提出看法。布萊克威爾認為，有科學根據支持孩子發展成長型思維，可以提高孩子對自己的期許。她將七百多名高中生分成兩組，分別進行八堂不同內容的課程，第一組主要是像背誦法、筆記本整理法等關於學習技巧的課程；第二組則是學習關於大腦對新的刺激和挑戰會如何反應和變化。這個實驗進行了一個學期，兩組學生產生驚人的差異，第二組學生在上過關於大腦可塑性的課程後，平均數學成績比第一組學生要高很多，整體的學習態度也相對積極。

專家們都認同，讓孩子了解成長型思維的科學依據和應用方法，可以讓他們相信「只要努力就會有成果」，尤其是平常自信不足或學習動機較弱的孩子，在強化成長型思維的過程中，會展現出顯著的效果。基於教育平等，現在有許多人士認為，應該把強化成長型思維的課程導入公共教育中，讓所有孩子都有機會學習。

方法⑤｜不當MVP，要當MIP

「本學期足球社的MIP是奧莉維亞。」MIP是most improved player的縮寫，意指進步最多的人。一般在體育競賽中常看到賽後會選出MVP，也就是表現最好的選手，但在美國的小學卻不是這樣，而是比起成績，更注重成長，因此會選出個人成長進步最多的學生，頒發「MIP」獎項。有專家認為，如果比較孩子的成果，然後只認可一個最優秀的學生，這對增強所有學生的成長型思維並不會產生正面影響。也有人表示，每個孩子的優勢分別在不同領域，所以如果把所有孩子都放在一起比較，這種做法一點也不公平。擅長踢足球和從沒踢過球的孩子，立足點本來就不一樣，無法進行評比。因此，在美國，學校大多會以「個人的成長幅度」作為給予鼓勵的基準。

每個學校做法不同，以我待過的學校為例，每個月會有一次給每個班級一個獎項，由各班級自行決定頒給誰什麼獎，獎項名稱五花八門，例如「自動整理教室獎」、「安慰朋友獎」，也就是以獲獎者的行為當作獎項名稱。除了饒富趣味，還可以從多重角度發掘孩子的優點，讓孩子相信自己也有可以做得很好的事。套用在家庭，父母平時就可以觀察孩子，當發現孩子在某方面的用心努力時，不要錯過機會給予鼓勵。如果給孩子一個「全家最努力獎」，不也挺棒的嗎？

方法⑥ 採用三段式正面表達

「我不會騎腳踏車。」

「我覺得二位數加法很難。」

每當聽到孩子說想放棄時，心裡總會一驚，接著浮現「當自己失誤了還能大笑，才算真正長大」這句話。想想或許是因為孩子還小，相信再長大一點自信也會跟著增加吧。不可否認，我也會擔心孩子跟以前的我一樣，對他人的失誤寬容，對自己卻格外嚴格。這種時候，我就會想起在學校經常使用的表達方式：「到目前為止——不過——儘管如此」。只要加上這些魔法般的詞語，原本具有否定意義的句子就會變成正面的表達，對安撫心靈有很大的效果，而且用法也很簡單。

首先，在腦海裡浮現的負面想法之前冠上「到目前為止」，如此一來，充滿否定的念頭會像出現暫停一樣中斷，並產生「問題總會解決」的希望。第二是加入「不過」來創造轉折，在「不過」後面加上自己目前擅長、做得好的事，即使只是一點小事，也可以讓那些不順心猶如生活裡眾多片段的一小部分而已。

最後就是為將來的發展增加目標。掌握了自己覺得困難的原因之後，就要穩住不安的心，給自己「儘管如此」也要持續下去的決心。套用這樣的表達方式，來看看「我不會騎腳踏車」這句話會有什麼變化。

第一步：「我到目前為止還不會騎腳踏車。」

第二步：「不過比起上星期，可以抓住重心的時間更長了。」

第三步：「老實說還是會害怕摔倒，儘管如此，我仍然堅持每週至少練習三天。」

再來看看另一個例子。

第一步：「我到目前為止還是覺得兩位數加法很難。」

第二步：「不過我很會算一位數的加法。」

第三步：「從個位數要進到十位數很難，儘管如此，我還是會多練習試試看。」

將放棄的話語轉變為鼓勵，記住上述的表達方式並活用。當孩子遇到困難時，不要只是安慰「沒關係，事情會順利的」，而是可以換個方式告訴孩子：「到目前為止可能覺得很困難、很辛苦，不過我們還在努力啊。或許需要比較長的時間，但儘管如此，也一定可以達成目標。」給予孩子真摯的鼓勵與支持。

活用外在動機和內在動機

如果有一天，公司說要幫努力工作的職員加薪五十萬韓元，你會有什麼感覺？或許會認為努力終於得到獎勵而高興，為了自己的價值獲得認可而更加盡心盡力。但是假設日後更努力工作，可是公司卻不再加薪了，你又會怎麼想呢？

專家表示，加薪或發獎金等外部獎勵引發的動機很難長期持續，這是因為「享樂跑步機」（hedonic treadmill）的現象。人們對經濟的期待值和需求，與收入增長水準成正比，也就是賺更多錢，就會想買更貴的東西、去更好的地方。雖然薪水上漲的當下會達到高度滿足，但並不能帶來長期的成就感和幸福。

「如果這次考試成績好，媽媽就會買新手機給你。」

「做完兩張習題就給你一張貼紙。」

「如果你乖乖打針不哭，我就買玩具給你。」

從小習慣外部獎勵的我們，現在也很容易對孩子提出甜蜜的獎勵條件。無論說了多少次都不聽話的孩子，在提出獎勵後就乖乖聽話，這會讓父母誤以為只要給孩子獎勵就可以達到效果，但是卻可能導致許多副作用。其中最大的問題，就是父母的用意是想激發孩子追求成就，卻讓孩子產生「完成某件事是為了得到獎勵」的想法。如此一來，在得到自己想要的東西之後，努力的目標就消失了，當然很難長期持續。

持續依賴外在動機的孩子，在「享樂跑步機」上會要求越來越多。因為寫完作業得到了玩具，所以覺得如果再努力一點考得好成績，應該就會得到更大的禮物。換句話說，如果沒有提出讓孩子滿意的獎勵，那孩子就可能不當一回事。為了讓偏食的孩子好好吃飯，每次在他乖乖把飯菜吃光後就給一個巧克力當獎賞，但一直用這種方法，說不定有一天孩子會要求「給五個巧克力我才要吃飯」或「沒有巧克力也沒關係，反正我就是不要吃蔬菜」，出現尷尬的情況。

因此專家們表示，想讓孩子持續做該做的事，應該運用可以激發內在動機的方式。例如，「多吃蔬菜，上廁所會比較順喔」，像這樣自然而然在聊天中與孩子分享健康飲食帶來的好處；或是像「現在你似乎會吃很多菜了，有發現什麼變化嗎？」以詢問的方式，讓孩子自己思考飲食習慣帶來的改變，有助於孩子的自我認知發展，還可以增加成就感。在學業上，內在動機的力量也很強大。比起為了考好分數而念英文（外在動機），若是以「將來能到國外自由自在地旅行」（內在動機）而學習，產生持續努力的動力會更大。因為在一步一步接近自己夢想的過程中，那份期待和完成時的成就感，是比任何獎勵都更有價值的動機。

從神經科學的角度來看，人類的行為主要源於兩種需求，一是生存，為了得到必需品的欲望；另一種則是想要得到獎勵的欲望。在我們大腦中有所謂的獎勵系統，基本上每個人都嚮往獲得快樂，因此，我們會本能地想重複過去感到快樂或獲得獎勵的經驗，反之亦然。而左右獎勵系統的神經傳導物質就是多巴胺。

有研究顯示，過去被稱為「快樂荷爾蒙」的多巴胺，實際上比較像是「期待荷爾蒙」。英國劍橋大學沃爾弗拉姆．舒爾茨（Wolfram Schultz）教授研究了猴子的多巴胺生成過程，他讓猴子待在一個裝了燈泡的箱子裡，在餵食前反覆點亮燈泡。起初猴子的大腦在看到飼料後才有比較明顯的反應，但不久後理解了燈光和食物的關係，於是猴子在燈亮的瞬間，會比在吃飼料時分泌更多的多巴胺。這可以解釋為比起得到快樂的那一刻，期待快樂即將到來的情緒更容易刺激多巴胺分泌。二〇〇六年，一項對老鼠進行的實驗也證明這一點。老鼠在看到食物時腦中就分泌了多巴胺，但等到真正吃下食物時，研究者卻發現牠們「因期待而製造的多巴胺停止分泌」。

在另一個研究中更發現，無法產生多巴胺的老鼠，連吃東西的想法也沒有，研究人員必須把飼料放進老鼠嘴裡，費一番功夫才能看到咀嚼食物的樣子。儘管在餵食過程中，老鼠表現出積極的態度，但後來再次提供相同食物時，老鼠卻沒有表現出有興趣的模樣。透過這些研究可以知道，可以利用多巴胺的分泌來形成動機，也就是給予能夠感受得到獎勵發生的「期待感」。

階段性培養內在動力

特別要注意的是，在我們大腦中被認為是「獎勵」的東西，具有很多不同的形態，可能是前述的玩具或考試分數這種外在因素，或是像愉快的經驗這種內在感受。舉例來說，無論大人小孩，做自己喜歡的事就會感覺很開心，所以就算被阻止也一定要做，這就是內在感受激發的動力。

問題是像課業成績這種在生活中必要的努力，並不會立即出現獎勵。而近來孩子們喜歡的手機遊戲、網路社群、YouTube影片等，卻是越使用越會讓人產生期待，例如獲得稀有物品的期待、對重要訊息或與某人聯繫的期待，都會促使腦內強烈分泌多巴胺。在這種情況下，要求孩子把必須長期努力才能得到的學業成就放在優先位置，就有點困難了。

突然要孩子激發內在動機，可能會讓他們覺得錯愕和茫然，因此，培養內在動機最好還是階段式循序漸近。父母和孩子一起制定目標、實現目標、體驗成就感，這樣會是比較好的方法。對於還沒有經歷過因學習而獲得成就感的孩子，就不要一下子訂定緊湊的計劃和目標，不如先從制定一些容易實踐的小目標開始。例如，在一個月內寫完一本習作太困難，那就先從每天寫三道題目開始，感覺比較容易達成。特別是小學低年級的孩子，比起成就感，更應該著重在形成學習的情緒和習慣，要重質不重量。

由父母挑選少量的重點題目來寫，取代強迫孩子把所有問題都寫完，這樣反而更能提高學習效果。「我覺得你可以試一試」、「今天寫這幾題就好」，懷著一定可以完成的期待感，反覆經歷實現目標後的感受，就能慢慢打開孩子想堅持前進的內在動機。

不該使用獎勵嗎？

對於教育孩子是否應該利用獎勵的方式，這一點在專家之間也長期存在分歧。反對外部獎勵的代表性研究中，不能不提一九七〇年代，史丹佛大學的馬克・萊珀（Mark R. Lepper）教授和大衛・葛林（David Greene）教授的實驗。研究人員找了一群喜歡畫畫的孩子，事先告知會獎勵畫得最好的人。然而隨著時間過去，預先知道會有獎勵的孩子們反而對繪畫失去了興趣。

基於這個研究結果，研究人員認為，提出外在動機可能會引發過度辯證的效應（overjustification effect），而損害內在動機。所謂「過度辯證」意指不是從內在需求中尋找自己做出某種行為的理由，而是從看得見的外在動機中尋找。以這項研究為例，隨著孩子們對獎項（外部獎勵）的了解，原本對繪畫本身感受到的愉快心情就會減少；認為畫畫可以獲得獎勵，反而削弱了原本對繪畫單純的喜愛。

但也有學者持相反意見。茱蒂・卡麥隆（Judy L. Cameron）博士認為，對已經存在內在動機的行為追加給予外部獎勵，有時會引發過度辯證效應，但如果學習者完全沒有動機時，外部獎勵反而可以達到促進行動的媒介作用。人在對某件事毫無興趣的情況下，很難製造出內在動機，這時就可以利用外部獎勵誘發做那件事的動機。卡麥隆博士透過一九九六年刊登在《美國教育研究期刊》的文章表示，「對於外部獎勵帶來的影響，在現有研究中並未對獎勵的種類、條件、時間進行詳細分析，因此不能斷言所有獎勵都是有害的。」

此後，雖然對教育行為中使用獎勵的爭議仍持續不斷，但目前大部分意見認為，外在動機和內在動機可以相互產生緊密的影響，所以不妨一起適當運用，可以達成較好的效果。同時，專家也就如何做好外部獎勵提出以下建議。

發揮關聯性，避免「賄賂」

使用外部獎勵時，最需要注意的就是稍有不慎會看起來像賄賂或威脅。因此，要想在不損害內在動機的前提下使用外部獎勵，就要記住「關聯性」這個關鍵詞。在這裡，關聯性是指獎勵與行為之間的關係，例如給努力練習騎腳踏車的孩子買新頭盔、給吃完正餐的孩子一塊甜點，都可以看作是父母要求的行動和孩子得到的獎勵之間，存在直接關聯性。

如果是孩子吃了蔬菜就可以用iPad，這種狀況就缺乏關聯性。因為吃飯和使用iPad完全是兩碼事。「你沒把飯菜都吃完，所以不准用iPad」，像這樣以沒有明確關聯的獎懲為條件，很容易會讓孩子留下父母想要控制、操縱自己的印象。孩子會認為父母是為了懲罰自己，而「試圖奪走我喜歡的東西」。同時，像「做了……就給你……」這樣的對話模式也有賄賂性質，所以要特別注意。

坦白說，養育孩子的過程中很難完全排除使用玩具或餅乾等外部獎勵。家長可以做的是盡量選擇關聯性較大的獎勵，如果不得已則必須提出但書或加強關聯性。例如，「乖乖打針等等就買玩具給你」，這樣驟然把孩子不喜歡的事和喜歡的獎勵連在一起，並不理想，可以改成：「醫生說打完針後最好在家休息，所以等等回家的路上就去買個桌遊，在家一起玩吧。」換一種說法，再加上「打完針後要在家休息」的附加說明，讓行動（打針）和獎勵（桌遊）之間產生關聯性，將對話的焦點從是否乖乖打針的評價式對話，轉換為在打完針後會有令人期待的獎勵。同樣的付出與獎勵，根據父母表達內容的不同，對孩子內在動機的影響也會有明顯的差異。

培養向人求助的勇氣

谷歌前執行長艾力克．施密特（Eric E. Schmidt）在《Google模式》（*How Google Works*）一書中指出，在谷歌開會時最警惕的狀況是「所有人都同意」他的意見。好的想法應該是在仔細觀察和削減所有可能性的過程中誕生的，因此沒有經過不同意見的爭論，就絕對得不到最後的結論。施密特表示，在會議上要小心那些每次都扮演「點頭娃娃」（bobblehead）卻不提任何意見的人，應該懷疑他們是不是對公司真有幫助的人才。韓國高麗大學HRD政策研究所的未來研究專家也指出，批判性思考能力和好奇心是第四次工業革命時代需要的核心力量。但實際上，韓國大多數學生仍然對舉手表達自己意見抱持非常消極的態度。

《一週朝鮮》以首爾某私立大學二百多名大學生為對象進行問卷調查，結果顯示約70%的學生表示自己從未在課堂上提問過。當進一步問及理由時，學生的回答是「擔心妨礙上課」、「害怕大家都知道答案而只有我一個人不知道」、「擔心被誤會是想出風頭」。

何時開始，提問變得這麼難？

事實上，不只是學生對於請求幫助感到有壓力，許多成年人從學校畢業進入社會後，也只是換個場景，對提問依然有心理負擔，這都是因為認為提問的行為等於是暴露自己的不足。但是，孩子的一天常常是以「為什麼」展開，再以「為什麼」結束。看看開口閉口都是「為什麼」的孩子，我們才驚覺自己並不是從一開始就沒提問過。然而，從小無法按捺住好奇心而不時發問的孩子，又是從什麼時候開始不再提問呢？

兒童心理學家表示，這與孩子開始意識到周遭的目光、對自己產生認知的時期有關。孩子最快從五歲起就會開始注意他人如何看待自己；七歲起會把「提問和無知」連在一起。某項研究以五百六十七名四到九歲的兒童為對象，研究人員透過戲劇的假想劇本，了解了孩子的心理。

劇本中出現兩個假想人物，他們和參與研究的孩子年齡相仿，但兩人個性不同。第一個是對學習很感興趣，第二個則是希望讓別人認為他很聰明。在角色說明結束後，研究人員詢問孩子們，如果這兩個學生在課業上遇到問題，分別會有什麼行動。結果四歲的孩子大部分回答：「兩個人都會提問。」而七、八歲以上的孩子則大多數回答：「第二個人應該不會舉手提問，因為他會在意別人的眼光。」不同年齡的回答呈現明顯的差異。

令人驚訝的是，很多孩子認為，如果允許私底下發問，那麼兩個人都會提問。這樣的回答可以解釋參與研究的孩子認為，要讓別人覺得自己很聰明，就不應該在大家面前提問。可見如果孩子處於類似的情況，很有可能不會求助。但孩子在學校生活中隨時都需要幫助，若他們不願提問，著實令人擔憂。

營造勇於提問的環境和文化

其實除了韓國之外，任何地方都會有害怕提問的孩子。社會學家潔西卡．卡拉爾科（Jessica Calarco）進行長期研究，找出會提問和不提問的孩子之間的差異。她主張提問能力是人類發展所必需的能力，這能力與孩子的個性差異有關，也是社會必須為所有孩子種下的力量。卡拉爾科透過二〇一八年出版的《協商機會》（暫譯自*Negotiating Opportunities*）一書，說明父母的社會經濟地位與孩子提問能力之間的關聯性。

以小學三到五年級學生為調查對象，發現中產階層以上家庭的孩子對提問的態度，比低收入家庭的孩子更積極。當這個研究結果發表後，專家們就推論，這是因為經濟充裕的家庭可以讓孩子接受更多校外的優質教育，因此那些孩子知道得多，自然而然好奇的事也會變多。但是研究小組透過追蹤研究發現，比起經濟能力，父母的態度對孩子會造成更大的影響。中產階層以上的父母們對學校生活有疑問時，不會對提問感到負擔。當孩子表示有不清楚的地方時，也會鼓勵孩子提問。而低收入家庭的家長則認為老師比自己懂得更多，所以會要求孩子上課要專心聽講，不要妨礙上課。基於父母對提問的價值觀不同，孩子的行為也會產生差異，為此，卡拉爾科主張改善家庭對提問行為的認知，才是建立所有學生都能勇於提問的方法。

除此之外，還有很多專家認為環境會製造勇於提問的孩子。卡拉爾科的研究針對家庭，但社會氛圍和文化也可能成為環境因素。有一個著名的事件可以呈現韓國社會對提問的消極態度。二〇一〇年，G20高峰會在首爾舉行，閉幕式上，當時的美國總統歐巴馬為表示對韓國作為東道主的尊重與感謝，特別點名韓國記者優先提問，但現場沉默了一段時間，沒有人舉手。有點不知所措的歐巴馬表示「透過翻譯也沒關係」，鼓勵記者發問，但韓國記者團中仍沒有任何一個人開口。中國記者表示想提問，但歐巴馬仍堅持將提問權先給韓國記者，就這樣耗了好一陣子，最終仍沒有任何韓國記者挺身而出，於是提問權就交給了中國記者。這件事在二〇一四年教育電視臺EBS的節目《紀錄片Prime》中也介紹過，就是探討韓國傳統不主動的教育環境。在事件發生了近十年後的今天，值得再來回顧一下究竟發生了什麼變化。

關於韓國人為什麼不喜歡主動提問，有許多不同的看法。有人分析，這是從儒家意識中衍生出來，對上下關係的禮儀；也有人認為，因為韓國在歷史上長期受到其他國家壓迫，所以產生在意周遭眼光的民族性。老實說很難指出是哪一個原因，但不可否認，一直以來認為平凡是美德的韓國社會整體意識，形成現在孩子不敢提問的壁壘。

孩子從小就受到家庭、學校不斷教導要聽話，沒有人問孩子：「你有什麼想法？」對韓國學生來說，「有人要提問嗎？」不是詢問，而是可以下課的意思；至於充滿好奇想提問的學生則被視為「異類」，反而不提問才是正常。久而久之，就算再好奇也不敢問了。因為周遭的目光，擔心一問問題會耽誤下課時間，擔心自己會因此被班上同學討厭。要想改變這種社會氛圍，就要從家庭開始，就算是天馬行空、需要時間找答案的問題，都要視為學習的機會，樂於接受。

方法① 當個樂於提問的父母

作為父母，想必都會經歷過這種意外的時候，就是發現孩子會模仿自己說話。孩子用不符合自身年齡的語氣，像鸚鵡一樣重複平常父母習慣說的話。其實不僅是話語，行為也是。常聽人家說在孩子面前要謹言慎行，那麼如果希望孩子成為勇於提問的人，首先就要看看自己是否也能勇於提問。如果夫妻間的溝通也注重提問，而不僅是與孩子對話的時候，那麼孩子就不會壓抑好奇心，並具有提問的勇氣。

孩子提出問題時，父母的態度會影響孩子的價值觀。孩子總喜歡問重複的問題，這時要小心避免「你不是已經問過了」、「不要再問了」這類阻礙提問的表達方式。特別是像「上次已經教過了」、「為什麼老是問同樣的問題」這類回應，會灌輸給孩子必須好好記住、一次就要學會的強迫感，那麼即使未來有疑問也不敢再問。相對地，可以改為「這件事我們曾經討論過了，是不是要再討論一遍」，透過說明引導孩子選擇。

獲得諾貝爾物理學獎的伊西多．艾薩克．拉比（Isidor Isaac Rabi）在一次受訪時表示：「我今天會成為科學家都要歸功於我的母親。小時候我住在布魯克林區，放學回家，別人家的媽媽都會問『今天上課學到了什麼』，可是我媽不一樣，她會問我『今天問了老師什麼好問題』，正是這種差異讓我成為了科學家。」比起兒子是否專心上課，拉比的母親更關心兒子是否不失好奇心，可說是很有智慧。用正面的眼光看待喜歡提問、勇於提問的孩子，就是培養對世界充滿好奇、有勇氣提問的孩子的祕訣。

方法②｜從孩子的提問理解孩子

世界上的一切發展都是從懷疑開始，如果牛頓沒有對掉在頭上的蘋果產生疑問，我們就不知道萬有引力；如果羅莎・帕克斯（Rosa Louise McCauley Parks，美國民權運動者）沒有注意到黑人為什麼都坐在公車後排並提出質疑，那麼有色人種的人權可能會與現在不同。一個細小的問題也可能顛覆歷史。如果他們沒有仔細觀察，或者為顧慮自己的面子而不敢提出問題，結果會怎麼樣呢？

諷刺的是，我們都希望孩子成長為有自信、能夠勇於表達想法並提出質疑的人，但同時卻又很難忍受孩子事事反駁或對父母的話產生疑問。這時，如果收起認為孩子不成熟、軟弱、需要照顧的想法，以平等的個體來對待，就會有不同的發展。就像最親近的夫妻也不可能對每件事都意見相同，父母也要承認孩子有屬於自己的想法。現在為人父母者，一定也曾有過「媽媽不懂我的心」、「爸爸為什麼這麼保守」這種感覺無法和自己父母溝通的時候。作為父母，教育孩子成長為社會群體中健康的一份子固然重要，但是也要充分尊重孩子不同的價值觀。

「爸爸，為什麼一定要那樣？我的想法跟你不一樣，我可不可以不要照你的方式做？」當孩子這樣問時，不要說：「不要問東問西的，叫你怎麼做就怎麼做！」而是可以回答：「爸爸的想法是這樣的，你有別的想法是嗎？那說來聽聽，我們來看看怎麼做比較好。」不要把孩子的問題視為反抗，而是看作能夠相互理解的「工具」，那麼孩子就能成長為比父母更勇於提問的人。

方法③ 不是know it all，而是learn it all

二〇一四年就任微軟執行長的薩蒂亞・納德拉（Satya Nadella）曾說：「今後我們要以『learn it all』為目標，而非『know it all』」在這裡的「know it all」是指「無所不知」，而「learn it all」則是「無所不學」。也就是說，要想持續成長，比起知道所有事情，採取學習的態度更為重要。管理學者彼得・杜拉克（Peter Drucker）也著重於提問的力量，他曾說：「過去的領導者是給予指示的領導者，未來的領導者是懂得提問的領導者。」隨著各項技術發展，在任何資訊幾乎垂手可得的第四次工業革命時代，比起知道答案，更重視提出好問題的能力。或許有人會害怕因此暴露自己的無知，但是真正實踐後會發現不是那麼一回事。因為一個人要對所有領域都具備專業性並不容易，而且在缺乏提問和溝通的環境下，只能一直困在自己的想法中，很難有發展。

美國的資優小學為了給學生製造練習提問的機會，經常舉辦「選出最佳數學出錯獎」這類活動，也就是從學生的數學作業中找出答錯的問題，針對解題過程進行討論。數學的每個問題基本上都有一個正確答案，但在得到結果前，可以有許多不同的計算方法。在檢視的時間裡，比起評論答案是否正確，大家會更聚焦於分析解答的過程。「25＋26為什麼不是41」、「有人覺得應該要先算個位數，再算十位數。那麼還有其他方法嗎」、「在算二位數以上的加法時，總是忘記要十進位，有什麼方法可以記住呢」，像這樣大家一起集中交流、分享想法。

這個活動讓學生練習將出錯視為過程，而不是真的失敗，同時還可以增加經驗，避免再犯類似的錯誤。最後大家互相分享自己心目中最有幫助的解答過程，頒發「最佳數學出錯獎」。這個活動可以激發孩子的思考能力，並知道一些自己沒有想到的方法，減少相互提問的負擔感，是「learn it all」的代表性活動。

透過提問和溝通可以達到自然學習的效果。二〇二二年七月首位獲得菲爾茲獎的韓裔美籍數學家許埈珥博士在採訪中也提到，懂得對不知道的事情進行提問、對模糊的事情透過對話確認，具備這種溝通能力的人才是「真正擅長數學的人」。對於與他人一起進行的研究過程，他如此形容：「就像把想法從這個碗轉移到那個碗裡，收穫卻會越來越豐富，讓我感到很神奇。」由此可以看出，即使是世界級的數學家，也是透過互相提問、研究的過程找到深入思考的契機。勇於詢問自己不知道的事，勝過連自己有什麼疑問都沒有意識到。幫助孩子面對未知而不會感到羞愧，並勇於提問，才是培養「learn it all」人才的方法。

在孩子心中建立當責文化

有機會選擇，才能學習負責

不久前在美國家長的社群網站上發現了一篇有趣的文章，說到孩子放學後開始上話劇課，每次下課時老師都會給孩子棒棒糖。發文的家長擔心孩子攝取過多糖分，向社群中的成員尋求如何解決問題。本以為會看到「直接建議老師不要給」、「叫孩子回家就把糖果交出來」這些內容，但出乎意料的是，在按讚數最多的留言裡看到這種內容：「就算現在立刻跟老師說不要讓孩子吃糖，感覺應該也沒什麼用。如果孩子真的想吃糖，怎麼樣都會想辦法弄到。所以與其禁止吃糖，不如與孩子溝通，幫助孩子自己做出有責任感的選擇。」

美國的父母發現問題會立即反映，但同時也讓孩子保有經歷、學習的機會。我認為，孩子對自己的選擇負責，是作為獨立生活必需的條件。因此，比起解決眼前的情況，應該更重視努力尋找問題的本質。在這個時候，父母的作用不是告訴孩子正確答案，而是尊重孩子自己做的決定。

在學習上，選擇權也很重要。受父母指使而學習的孩子，就算一整天讀書也效率不彰。去到學校，因為沒什麼學習欲望，所以上課也聽不進去；放學雖然乖乖去上數學和英語補習班，卻沒有學習的自主意識。在韓國，甚至出現了「媽媽的情報力和爸爸的財力，保障孩子的成長」這樣諷刺的說法，代表對私教育的決定權很多都掌握在父母手中。父母不問孩子的需求，只在自認為合適的時機以自己的標準選擇補習班，然後送孩子進去。也許這種社會氛圍就像高中生用「因為媽媽睡過頭沒叫我，所以我才會遲到」為藉口一樣，造就了沒有責任感的一代。

責任感不是隨著年齡增長而自然產生的，而是透過自己選擇的經驗形成的能力。自己做出了選擇，結果也完全由自己承擔，如此反覆幾次，孩子就會逐漸養成自主判斷的能力，必然會在內心累積強烈的責任感、獨立心和自信；相反地，從未自主做過選擇的孩子會漸漸不思考，從該上什麼大學、該修什麼課到該找什麼工作，都依賴他人意見並照做，這或許就是為了想要逃避責任。但孩子必須知道，如果一味逃避選擇，不僅將來無法獨立生活，也是對自己的人生不負責任的態度。

方法①｜引導孩子自己制定規則

「我的孩子真是不聽話。」如果子女經常不遵守規則，那麼應該思考一下是不是放任太多了，讓孩子習於獨斷獨行。父母教導孩子社會允許的規範時，不可忽略範圍界限的提示。不能因為孩子吵著要上學，就在感冒鼻涕直流的狀況下讓他去幼兒園；也不能因為孩子喜歡，就答應他每天吃五塊巧克力蛋糕的要求。給予孩子選擇權的同時，也要教育他如何對自己的人生負責。在沒有他人介入的情況下，讓孩子自行制定規則，相當於選擇自己前進的方向。這不僅喚起孩子一定要遵守規則的心，還帶給孩子自行規劃人生的喜悅。孩子若能在充分懂得自己選擇並得到尊重的環境中長大，對於日後成為社會一份子的選擇和權利也會有比較完整的理解。因為父母給予孩子自主設定規則的信任，是孩子走向獨立生活的動力。

因此，美國的資優小學都積極引導孩子訂立屬於自己的規則。許多孩子在一開始會感到茫然，不知從哪裡下手、該制定什麼樣的規則。與其讓他們天馬行空地幻想，老師會扮演重要的引導任務，從制定適合孩子的「教室公約」開始。對於低年級的孩子，首要是思考在學校生活中希望得到什麼樣的感受，例如「幸福」、「尊重」；與高年級學生一起時，則會進一步觀察在不同空間是否會影響情緒變化，再進行更深入的討論，誘發孩子的想法，感受相應的情緒，構思大家一同遵守的規範。

透過這樣的過程，二年級班上的孩子們自發地蒐集希望得到尊重的各種意見，最後制定了「討論時要按照順序一個一個發表意見」的規則。因為是孩子們共同參與制定的班規，所以大家會更有遵守的意識。

讓孩子參與制定規則也適用於家庭。可以透過家庭會議討論，列出在家裡想得到什麼樣的感受，再想想為此應該要做的事。例如經過討論之後，孩子了解為了不要和每天忙著收拾玩具的父母發生爭執，希望覺得舒適自在（感受），就必須在玩過之後自己整理（規則）；想得到愛（感受），對話時要親切有禮（規則）。透過這種方式，讓孩子了解被「規定」包覆的「必須遵守的理由」是什麼。

那麼，對於還沒有能力自己制定規則、判斷和客觀地觀察事物的孩子，應如何讓他們知道自己該怎麼選擇呢？此時可以由父母提供兩、三個選項讓孩子選，這對日後提高自主性和修正不當行為有很大的幫助。要注意的是，無論孩子選擇什麼，父母都要尊重。有些問題其實已經包含了父母期望的答案，表面上看起來是尊重孩子的選擇，實際上卻隱藏了父母不想放棄主導權的意圖，像是「你不想吃嗎？那我就全部收起來喔」，或是「今天已經吃了太多巧克力，明天再吃好嗎」。相比之下，對於平常不肯好好吃飯的孩子，可以問他：「你想用最喜歡的紅色湯匙，還是新買的藍湯匙？」對於在遊樂場流連忘返的孩子，可以對他說：「最後可以再玩一項，你想溜滑梯，還是坐蹺蹺板？」給孩子選項很重要，不僅是教導孩子選擇，也可以分散孩子的注意力，因為比起不想回家的情緒，能夠自己選擇再玩某個遊樂設施的主導權更吸引人。像這樣經歷過自己做選擇的孩子，就會擁有「我是唯一能改變自己的人」的意識，進而培養規劃自己生活的能力。

方法② 對調教、學的角色

隨著線上授課擴大，「翻轉學習」開始受到矚目，同時被視為可以提高孩子的自律性和責任感的學習法。不同於由老師告訴孩子們學習目標再授課的方式，翻轉學習是在上課前一天，先讓孩子預習第二天的學習相關資料，自行累積背景知識，並從中發揮好奇心。就算學習相同的內容，但到了上課時間，孩子的投入度必然會有很大的差異。比起上課當天由老師單方面提供訊息的傳統授課模式，翻轉學習採用更多問答的方式，鼓勵孩子將自己蒐集到的資料分享給其他同學，這種形式又稱為teaching（教學）。

teaching的進行有很多種形式，不過最常見的是三人一組相互教育的方式。就像拼圖一樣，這種方式需要合作進行，可以讓組員之間互相引導學習。例如談到動物，老師先分派給同組三人不同任務，第一個人要準備有關動物棲息環境的資料，第二個人是有關飲食的資料，第三個人是有關生態週期的資料。孩子各自認真蒐集並了解自己負責的部分後，再與同組成員合作，齊心協力製作包含動物棲息地、飲食習慣和生態週期的報告。以這個活動為例，因為小組內每個主題都只有一名專家，所以必須認真準備自己負責的部分，並說明讓其他組員理解，這樣正可以培養孩子的責任感及整合、表達能力。

二〇二〇年刊登在美國教育網站上的學習方法相關研究評論提到，比起閱讀、聽寫等被動學習，討論、體驗、教導他人等主動學習方法，更能吸引孩子們的參與，提高學習效率。比起單純聽老師說明，自己思考如何把知道的知識傳達給他人的過程，更能加深對主題的理解和關注。

在家庭中也一樣，比起由父母三不五時告訴孩子正確答案，不如給子女提供「教育」父母的機會，這也可以喚醒孩子隱藏的責任感。雖然孩子教大人聽起來像有點荒唐，不過有句話說：「除了古生物學家，最了解恐龍的是七歲孩子」。很多事，孩子其實懂得並不比大人少。

給孩子一個教導別人的機會比想像中還要簡單。大部分家庭中，很多父母已經在和孩子們一起實踐共讀了。孩子不僅要閱讀自己感興趣領域的書籍，還要整理內容、傳達資訊給父母，這已經超越了單純閱讀，而是讓孩子能夠主導的互動活動。此外，還可以根據年齡增加素描本、PowerPoint或影像製作等課題，藉此培養對實際生活有用的技能。像「尋找每週最有趣的報導」、「繪製學校地圖並說明」、「告訴弟弟洗手間使用方法」等，讓孩子學習足以成為專家的內容，不僅有利於建立自信，對培養自主能力也極具效果。從「教導父母」當中得到成就感，孩子也會更願意主動學習。

方法③｜使用確認表

為了成為值得信賴的人，必須具備「責任感」。就像一群朋友決定一起去旅行，各自分配好該準備的東西，對於有責任感的人是完全不用擔心，但若對方常常不守約定或不守時，肯定會猶豫該不該把旅費或護照交給他保管。

在小學，會按部就班完成自己分內之事的孩子與經常出錯的孩子之間，在學習準備和參與度方面也有明顯差距。每次都會忘東忘西、教室抽屜裡塞滿了皺巴巴的紙張和作業簿的孩子，腦子裡經常也是混亂的。這不僅是生活習慣的問題，說不定他有心想做好每件事，卻心有餘而力不足，或者也可能是責任感不夠的訊號。當然，每個人都有出錯的時候，但是即使持續出錯也沒有改正的意志，這就是很大的問題了。因為這表示不重視自己做的事，在團體中很容易被認為是無法依靠的存在。

對於凡事習慣依賴父母的孩子，建議可以運用視覺類的工具協助他確認自己該負責的事。例如早晨上學前，媽媽都重複說著「快吃早飯」、「快換衣服」這類的命令，這樣不僅沒有效率，也無法讓孩子建立責任感。「吃完飯就快點去刷牙換衣服」、「穿好衣服後吃維他命」，像這樣介入孩子生活流程的指示，時間一久，孩子就不覺得自己該記得、該負責要做什麼事，因為爸爸媽媽會不斷提醒。

如果能運用像確認表這種工具，父母的作用自然會減少。把該做的事逐條寫下，孩子必須自己確認什麼完成了、什麼還沒做、還有多少沒做等，會有自我管理和反省的機會。尤其是每天規律的生活行為，更需要利用這種看得到的視覺工具，才能幫助孩子明確掌握目前還難以自發執行的部分，對於改善行為也有很大的幫助。

在美國的小學，為了提高孩子對學習的責任感，也經常使用確認表。例如數學課的確認表上會寫「有沒有仔細再看過題目」、「確認過答案的單位嗎」。這樣的方式久而久之，會讓孩子自然養成檢查答案的習慣。在作文課中，也可以用確認表來提醒孩子確認內容、有無錯字、形容詞是否運用得當。特別是作文常會經過多次修改，有時甚至要到下次上課繼續寫，所以孩子也要學會記住自己的進度和掌控時間。確認表可以成為培養責任感和實踐的工具。就像在一九九〇年代出現過的廣告歌曲一樣，「自己的事情自己做，做個負責任的好孩子……」別再用父母的嘮叨，試試透過實作來建立責任感吧。

鼓勵孩子跨出舒適圈

如果大象從小就被綁在木樁上，等到牠長大成年後，就算不再被綁住也不會離開木樁。同樣地，父母都會擔心孩子受到傷害而設置舒適圈保護孩子，但這個舒適圈也可能成為限制孩子發展的木樁。對於擔心孩子受傷而想要控制、阻擋所有困難的父母，加拿大一位心理學家建議：「不要阻止謹慎挑戰危險的孩子。」只有超越父母的保護本能，孩子才能學習如何小心地進行挑戰，這是讓孩子開始真正學習的契機。

雖然在美國生活了二十多年，但看到美國家長教育孩子的方式，有時還是忍不住訝異。例如，他們會讓孩子光著腳在戶外跑跳，或是讓三歲的孩子獨自從遊樂場最高的滑梯上滑下來。看到那些家長泰然自若的樣子，有時心裡會替他們的孩子捏一把冷汗，直到有一天，偶然在遊樂場遇到一位媽媽，才明白原因。

那位媽媽的兒子叫萊恩，他的下巴上有一塊銅板大小的疤痕，是不久前家庭旅行時玩滑水留下的傷口。「你兒子很會游泳嗎？你不怕他會喝很多水嗎？」畢竟萊恩才五歲，竟然帶他去滑水！我實在無法想像。萊恩媽媽看到我的反應也嚇了一跳，接著說：「剛開始是喝了很多水，但哭了一會兒之後，他自己又說想再試試，所以我知道他應該可以。」一瞬間，我想起了在學校裡那些充滿挑戰精神的孩子，他們的父母也多半都是這樣超然的態度吧，認為孩子謹慎地做某件事時，就代表他正在衡量危險程度，家長反而會覺得很欣慰。因為能夠衡量事件危險性的「風險分析能力」，是生活中做任何決定時的必要能力。

評估眼前的危險因素，制定最佳挑戰計劃，這在跨國企業谷歌中也可以找到例子。很多人都聽過谷歌的「70／20／10」分配法則，分別代表花在核心事業、與核心事業相關的周邊專案，以及與目前核心事業無關的專案（例如未來全新的項目）上的占比。也就是說，公司整體資源的90％會花在構思危險因素較少的當前核心事業和相關業務，剩下10％則用在未來革新挑戰。這與先透過救生衣、游泳圈、較淺的水域等舒適圈，觀察過孩子的反應後，逐步減少「致命的危險因素」，再決定讓孩子挑戰滑水的萊恩父母有很多相似之處。

如果不去滑水，當然就可以完全排除所有可能的危險，但同時也不會學到新事物。

於是，他們選擇教導孩子認識自己身體的侷限和能力，而非阻止孩子挑戰，於是造就了自信又優秀的五歲滑水選手。同樣地，谷歌公司在充分準備後才去挑戰新事業，即使失敗了，也可以從中獲得新的創意靈感及改善方針，走向發展性更廣的道路。不管是為了革新而不斷挑戰的谷歌，或是即使落水也再次挑戰的萊恩，我們可以學到擴張舒適圈的寶貴經驗。

心理學將個人心理安全的領域稱為舒適圈（comfort zone），就像重複熟悉的業務或走自己熟悉的道路一樣，不會有太大情緒起伏的區域。人在意識到有一塊可以給自己帶來平穩的舒適圈，對於在行動和精神安定方面有很重要的作用。完成這個領域的事不需要太多努力，因此這裡很安全，但同時也代表具有侷限成就、發展緩慢等弱點。

幸運的是，我們的舒適圈可以透過不斷挑戰與不同領域建立連結而逐漸擴大。記得我第一次出國旅行時，因為不知道會發生什麼事所以非常害怕，但後來經過多次旅行，經驗累積成一筆筆資料，讓我在之後遊走世界各國時都可以放鬆自在，在國外也能盡情享受，這就是最好的例子。換句話說，即使有點陌生和不方便，但挑戰新事物的態度會讓我們迎接更廣闊、更豐富的領域。

方法①｜了解孩子拒絕挑戰的本質

常聽到孩子說「我不喜歡騎腳踏車」、「我覺得安親班不好玩」以示拒絕，這是因為他們脫離了舒適圈而感到害怕。為了隱藏自己的情緒，故意對別人反應冷淡，表現出不感興趣的樣子，還會試圖說服父母：「那個真的一點都不好玩。」在開始進行新事物之前，孩子就預先表達內心的不適與不滿，與其說真的討厭去做那件事，不如說是對脫離平時自己熟悉的日常模式感到恐懼。他們只是還無法準確表達「我怕騎腳踏車摔倒流血」或「在安親班學畫畫都用水彩，我每次都會畫得髒兮兮的，同學一定會笑我」，這種時候，父母不應該用「騎腳踏車很好玩啊」、「去安親班可以畫畫多好啊」這些把自己想法強加在孩子身上的話術，不如提出適當的問題，讓孩子自己思考挑戰的本質，這對鼓勵孩子走出既有的舒適圈有很大的幫助。

- 把握本質：「騎腳踏車時，有什麼是你不喜歡的？」
- 詢問意見：「那要怎樣才能讓你覺得騎腳踏車沒那麼可怕呢？」
- 提出應對方案：「不然你先看爸爸怎麼騎，然後我陪你一起試試看。」

使用這些問題，有助於正確掌握孩子表達負面情緒背後隱藏的原因，而抓住問題的本質，往往就能看到克服的方案。如果直接問孩子：「怎樣才會覺得騎腳踏車很開心？」相信孩子會有很多意想不到的豐富答案。對於怕摔倒受傷而不敢騎腳踏車的孩子來說，厚厚的護膝可以成為安全裝置；對於使用水彩沒有自信的孩子，可以先讓他看一些水彩畫基本技巧的影片，或者在家裡由父母陪同，一起先用畫筆沾水試著畫一畫。找到問題的本質，就能看見答案。

方法② 一點一滴擴大挑戰

美國前第一夫人愛蓮娜．羅斯福曾說過一句名言：「每天做一件讓你害怕的事。」人雖然很難一下子改變一切，但一個小挑戰實踐起來會相對容易得多。就像父母為了給剛剛開始讀書的孩子挑選適合的書，會用心研究尋找，在引導孩子走出舒適圈的過程中，也需要努力尋找挑戰機會。

為了讓孩子在暑假參加夏令營，可以先嘗試與父母分開半天，如果沒有什麼問題，接下來就可以試著讓孩子獨自在奶奶家睡一晚再回來。像這樣用循序漸進的方式，或許不能完全排除孩子的壓力，但是適當的調整，也會成為迎接新挑戰的機會。特別是對於很難擺脫舒適圈的孩子，與其誘導他們一下子去嘗試新事物，不如先維持穩定孩子的要素，再逐漸增加變化。如果要去一個沒去過的地方，最好有熟悉的人陪同；反過來，如果要與不認識的人見面，則可以將見面地點選在熟悉的場所。美國的幼兒園和小學在新學期開始之前，都會提前讓家長在教室裡和老師見面，安排時間讓孩子們在遊戲區互動。先將可能造成不便的因素挑出來，這對幫助適應新學期陌生環境和變化的孩子非常有效。

釐清這究竟是誰的舒適圈？

掌握孩子的舒適圈、給孩子適當的挑戰機會很重要，但父母本身也要正確認識自己的舒適圈。父母的舒適圈會影響以父母之名做出的無數選擇，而且皆與孩子的世界息息相關。例如對社交感到有壓力的父母，平常可能會避免與他人交流，那麼這種家庭的孩子自然也會減少與家人以外的人接觸，錯過擴大自己舒適圈的機會。

如果自己現在的生活很平靜，就要思考一下是不是太滿足於現狀。不管是什麼挑戰、不管結果如何，父母把恐懼拋在腦後，勇於面對挑戰的模樣會成為孩子擴大自己舒適圈的動機。身為父母，也不要過度將自己認定的舒適圈強迫套用在孩子身上。我們通常認為能夠給人帶來穩定的就是最有價值的東西，所以希望孩子擁有好的工作、學歷、名聲、人際關係，認為這些才是生活幸福的要素。但是這些想法其實都源自於待在自身舒適圈內的欲望。父母不該用自己的舒適圈為基準引領孩子，而是應該支持孩子發展自己的個性、興趣、目標和挑戰，那麼孩子的世界自然會變得更寬廣。

第 3 章

引導孩子
了解自己的心

抓住心靈的韁繩

擁有良好情緒調節力的人不容易動搖，因為在受情緒支配行動和想法之前，會緊緊抓住心靈的韁繩。生活中，我們每天都會產生各種不同的情緒，可能會因為失去珍愛的人而極度悲傷，也會因期待已久終於實現目標而充滿成就感。就算是平淡無奇的一天，也充滿了無數稍縱即逝的情緒。從早上睜開眼睛到晚上入睡，或許連睡覺時在夢裡都會出現情緒，所以練習如何好好駕馭內心的情緒波濤，自然能夠實現幸福的人生。

人的情感，比起從科學角度進行研究和思考，一般會更傾向用藝術的眼光來看待，也因此成為許多藝術作品的素材，藉由許多流行歌曲或文學作品來解釋及安撫心靈。例如青少年覺得日子過得很痛苦，我們就會說「痛過才叫青春」，認為每個人都會歷經成長的痛苦，沒什麼大不了的；或者我們會用現代的新詞說那是「中二病」，是在無病呻吟，根本不會想到去了解那些青少年的內心。保守的社會氛圍在遇到這類需要深入內心層面的狀況時，往往會成為對心理健康自我省察的障礙。

由於整個社會都不願意談論關於心理健康的議題，因此也對患有精神疾病、遭受嚴重家暴或有痛苦過往導致心靈脆弱的人產生偏見。根據賓州大學腦科學博士法蘭西斯・詹森（Frances E. Jensen）的研究，現在十多歲的青少年中，有20到30％的人表示曾經歷過憂鬱症，顯見現代社會中兒童及青少年的心理健康已經成為社會問題。再加上患有心理方面疾病的青少年，症狀會比成年人更趨向於變成有如慢性病，因此青春期罹患憂鬱症的孩子，自殺機率比成年人高出三十倍以上，由此看來，社會對情緒教育的需求刻不容緩。

談到這裡，你可能有個疑問，為什麼我們時時刻刻都有情緒，卻那麼難控制呢？如果吃飯狼吞虎嚥以至於消化不良，以後吃飯時應該就會小心地細嚼慢嚥；若是因為感情用事而吃過苦頭，事情過後就應該知道要調節情緒啊，為什麼還會一再重蹈覆轍呢？原因就出在我們的大腦對情緒的反應會比理智更快一點。

假設登山時遇到野獸，你會怎麼應對？大部分的人可能會說，就依照從野外求生紀錄片或百科全書中得到的知識，盡可能與野獸保持距離，安靜地離開。但是訪問那些真正經歷過九生一生危險狀況的人，十之八九都會說在當下根本是「身不從心」，心裡明明知道應該怎麼做，但身體卻偏偏不聽話，即出現所謂的杏仁核劫持（amygdala hijack）。像這樣，我們並無法掌握自己會有什麼感覺、情緒，因此人幾乎不可能完全控制情緒；但是透過心靈教育，我們至少可以學會如何有智慧地面對一湧而出的情感，找回決定下一步行動的主導權。也就是說，即使突然遇到野獸時，無法控制身體因恐懼而僵硬，但之後如何有效緩解自己的恐懼、回歸理性，就是取決於自己。

本章介紹的活動和理論是在社會情緒力的教育中，以情緒為重點的例子，說明掌握和表達自己心意，健康地調節情緒的方法。《情緒靈敏力》（*Emotional Agility*）的作者、哈佛醫學院心理學教授蘇珊・大衛（Susan David）表示，無法意識到自己內心的症狀或無法表達，就是患了「情緒表達障礙」。現在有越來越多人因為這個問題而痛苦。她認為這種症狀的主要因素是小時候經歷過情緒虐待，以及認為「表達自己心意是懦弱表現」的社會氛圍。不過，幸好調節我們情緒和本能的大腦前額葉皮質，在二十歲中期之前會活躍地發育。

這個區域正是人類與其他動物最大的不同，人可以進行高層次的思考和判斷，即使有強烈的情緒，比起直接發洩怒氣，不如用符合社會觀念的方法進行調節。孩子大腦的這一部分尚未發育完成，也代表還有成長潛力。因此，最好從小進行情緒教育，教孩子如何親近自己的心，進而培養出健康的心理，讓孩子成長為認識自己、懂得表達心意又與自己心靈親近的人。

幫助理解心靈的「情緒儀表」

用五顏六色的情緒儀表來檢視情緒

進入美國的資優小學教室裡，從門口就會看到貼著有紅、藍、黃、綠等五顏六色的海報。這是讓各個年級的學生學習情緒認知和調節而使用的「情緒儀表」（Mood Meter）。

情緒指導大師約翰・高特曼博士表示，為情緒取名就像給門裝上把手一樣，如果門沒有把手就無法打開，而表達情緒的詞彙不足，也就很難正確傳達自己的感受。不過也有人質疑，了解自己的情緒這種事需要訓練嗎？但看看現在的孩子們，對情緒或感受的表達，大部分使用的都是有限或粗略的字句。比起明確區分嫉妒、不確定性、憤怒、失望等細緻的情感，更多人表達時是直接用「好煩喔」、「壓力大」等籠統的詞語，或是網路上、電視節目中的流行語。問題是，如果無法正確表達心中的感受，就很難調節或消除，那麼很可能會以有害的方式緩解由此產生的精神壓力。因此，透過情緒儀表為自己的情緒取個名字，不僅有助於掌握內心的感受，同時也可以幫助找尋適當的應對方法。所謂知己知彼百戰百勝，越了解自己，就越能夠好好照顧自己。

《情緒跟你以為的不一樣》（*How Emotions Are Made*）的作者麗莎·費爾德曼·巴瑞特（Lisa Feldman Barrett）博士指出，每個人在細緻地區分、表達情緒的能力上有很大的差距。在書中，她用顏色來比喻，對顏色變化有豐富敏銳感受的人看到的藍色可以細分為天藍色、鈷藍色、群青色、紺青色、青綠色等，但若看不出其中細微差異的人就會統一全都叫「藍色」；情緒也一樣，我們對自己情緒的敏感程度，會影響認知和表達。

巴瑞特博士將這種能力命名為「情緒粒度」（emotional granularity）。「粒」這個字一般是指像鹽、糖等顆粒，粒度越高就表示顆粒越細，反之則越粗糙。情緒粒度高的人，在細膩認知和調節自己情緒方面會表現出卓越的能力，這種能力可以拓展出讓他人理解並產生共鳴的情感空間，自然就會帶來情緒上的安全感。因此將粗糙的情緒粒子均勻磨細，就是美國的資優小學運用情緒儀表進行社會情緒學習的原因。

「情緒儀表」怎麼看？

情緒儀表是透過視覺訊息幫助學習跟情感有關的詞彙，道理與數學的象限圖很類似。情緒儀表是以y軸和x軸為中心的象限，劃分成四個區塊，分別用紅色、藍色、綠色和黃色來表示，代表我們生活中經常接觸的主要情緒，即憤怒、悲傷、平靜、興奮。其中y軸代表情緒的活力度，x軸代表情緒的舒適度。想要表達的情緒在儀表的越上方，就表示具有越高的活力；越是偏向右側，就代表越愉快。

各種顏色所蘊含的情感內涵如下：在左上方的「紅色區域」代表高活力、低舒適度，主要情緒有生氣、煩躁、焦慮；左下方的「藍色區域」則是低活力、低舒適度，代表情緒有悲傷、沮喪、疲憊等；同樣的低活力，但具有高舒適度的是「綠色區域」，主要情緒有平靜、滿足、安心；最後，在右上方的「黃色區域」不僅具有高活力也有高舒適度，也就是興奮、快樂、希望等情緒。

情緒儀表

出處：Brackett, M.

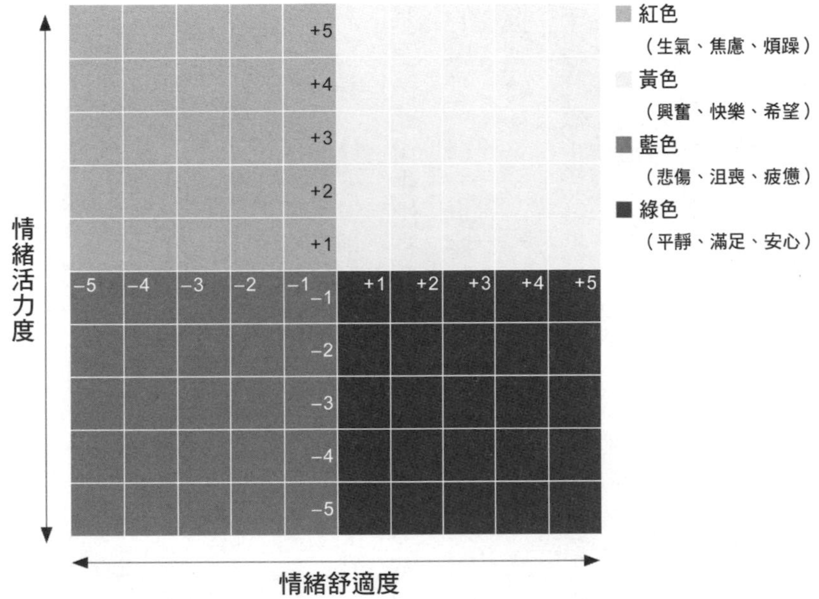

活用情緒儀表

情緒儀表是由耶魯大學情緒素養中心的馬克・布雷克特（Marc Brackett）教授所開發，他表示不管什麼年齡，每天都可以運用情緒儀表來檢視自己的情緒，有助於我們對情緒的掌握。若是第一次接觸這種工具的人，或是學齡前的幼兒，可以在每天固定的時間裡檢視自己的情緒儀表。一開始不需要認識太多形容情緒的詞彙，只要集中在儀表的四個色塊——憤怒、悲傷、平靜、快樂，這樣可以避免混亂，因為日常生活中產生的各種感受，大多是由這四種基本情緒衍生出來的。特別是情緒儀表最初設計的主要目的，就是要教導孩子表達自己的感受，進一步接受這些情緒，因此不需要一下子灌輸太多，從最簡單的開始，循序漸進就好。

在美國的小學中，低年級的孩子們每天早上一進教室，就會先走到情緒儀表前，依照自己當天的心情，把代表自己的磁鐵放在合適的色塊中。接著，孩子會花五到十分鐘的時間寫「情緒日記」，內容主要是用代表今天心情的顏色來畫圖、寫下今天要做的事和最期待的事，並預想到時候會有什麼樣的心情。讓孩子自由發揮，盡可能充分表達。

年紀還小的孩子對情緒詞彙的理解還不太清楚，這時若問他：「今天心情怎麼樣？」孩子可能會很困惑。因此，就可以活用視覺工具，讓尚無法準確使用適當的形容詞或通順句子表達的孩子，可以透過「顏色」這個媒介表達感受，他們會覺得更容易，也更願意對話。生氣就像火山爆發時流出的紅色熔岩；悲傷就像藍色的冬日大海（在美國表示哀傷也用「blue」）；平靜就像躺在綠油油的草地上休息一樣；興奮則讓人聯想到一邊搖搖晃晃、一邊發出咕咕聲的可愛黃色小雞。用顏色搭配情緒，容易讓孩子產生共鳴。

不過，運用這種視覺工具時，正確傳達顏色和情緒名稱也很重要。偶爾會有孩子太過投入，反而會說出「有黃色的感覺」、「好像有點紅色」這種模糊的表達。以下就來看看如何利用顏色和正確的詞彙表達心情。

「我們一起去動物園玩的時候（情況），媽媽覺得很幸福。牽著心愛兒子的手走路，感覺心裡很溫暖。希望下次能再去動物園享受快樂（情緒）時光，擁有黃色的心情（情緒儀表的顏色）。」

「上次剛買完冰淇淋就掉在地上（情況），是不是覺得很難過（情緒）？如果突然出錯讓我們無法完成想做的事情時（情況），可能會覺得很傷心失望（情緒）。如果你有像這樣藍色的心情時（情緒儀表的顏色），一定要告訴媽媽，讓我們一起來想想辦法吧。」

像這樣幫助孩子把親身經驗、形容感受的詞彙和情緒儀表的顏色連結起來，不僅有助於增進孩子對自己情緒的認知，還可以擴大應用的詞彙。

情緒儀表的另一個優點是可以依照使用者的理解程度，變化使用方式。如果是對情緒儀表很熟練的孩子，可以將四種基本情緒區分得更細，進行更豐富的情感對話。例如在色塊內寫更多情緒詞彙，或集中分析座標所示的情緒活力度變化，擴大情緒儀表的用途。例如「疲倦」和「厭倦」的舒適度相似，但可以分析其在活力度方面的差異來區分；透過學習「心動」和「心慌」的差異，讓原本只會用「高興」、「悲傷」、「痛苦」等詞語的孩子能夠提高表達力。例如以前是「一想到要去校外教學就很興奮，心情就像『黃色』」，在累積詞彙、懂得更深入傾聽自己的心之後，會進化成：「再過幾天就要去校外教學了，心裡很興奮。每天和同學都在教室裡上課，終於可以到戶外去了，很期待校外教學會發生的事。在車上還可以跟同學一起聊天、吃零食，光想就覺得心情像黃色一樣開心。」

這不只是單純可以運用更多形容情緒的詞彙，還具有重要意義。懂得觀察自己情緒的孩子在「開心」、「興奮」的情緒中，會知道還包含了對新事物的期待感、可以經歷不同於日常的新鮮感，以及與同儕共享愉快經驗的連結感等。因此，對於掌握自己為什麼會有某種情緒的能力也會隨之提高。

世上沒有壞情緒

停止情緒羞恥

「老師，我問孩子今天心情怎麼樣，每次都得到同樣的回答。」當父母問孩子心情如何，很多都會下意識地回答「很好」。這樣的回答對父母來說當然覺得開心，但如果發現孩子一直都沒有好好思考就回答，或是面對應該感覺很興奮的事，孩子卻只是輕描淡寫地說「還好」，那麼父母就該留意，確認孩子的回答是不是真的、有沒有隱藏心情。因為孩子可能會將特定情緒歸咎於個人失敗，產生「情緒羞恥」（mood shame）。

「不准哭，聖誕老人不會送禮物給愛哭的孩子。」

「不要吵了，再吵就會被壞人抓走。」

「你是姊姊怎麼可以跟弟弟一樣耍賴？」

「男生不可以隨隨便便就哭，應該要勇敢一點。」

「誰家的小孩像你這樣吵吵鬧鬧，要是再不聽話，我就叫警察叔叔把你抓走。」

如果每天都過得幸福快樂就太好了，但實際上是不可能的，而且對精神層面也不見得是好事。但是，把情緒表達視為懦弱，或將懷有負面情緒看作心理有問題而不敢說出口的「情緒羞恥」文化，長久以來不僅出現在日常生活的言語，在書籍、影像，甚至童謠兒歌也能看到。例如「哭是幼稚的行為，甚至還會被警察叔叔抓走」，聽到這樣錯誤的訊息，孩子自然會誤以為不要把真實情緒表達出來才是正確的。

當然，讓我們不舒服的情緒多伴隨著不快，所以人會本能地避免這種想法。但是，一直迴避失望、擔心、悲傷等不舒服的情緒，容易導致心理疾病，從長期來看更有害。只要想像一下與好朋友發生不愉快的情況，就很容易理解。如果表達了之後，對方不僅不認為自己有錯，反而覺得是「你反應過度」，就很可能會讓孩子對自己產生「我怎麼會這麼脆弱」這種自責的想法。於是，因為不想為了一點小事而消耗情感，所以把不舒服的情緒推到角落，但長久累積下來，有天一定會「砰！」一聲爆發。

不管是忍耐、隱藏，這樣忍氣吞聲的副作用，在加州大學柏克萊分校的艾莉絲・摩斯（Iris Mauss）教授的研究中也得到驗證。她向參與者提出問題，包含「我會對自己感受到的非理性或不恰當的情緒持批判態度」、「當我的感受中出現不好的情緒時，我會認為那是不對的」等，藉此探索他們對特定情緒的想法。結果發現，參與者的回答和心理健康之間存在著有趣的關聯性。根據統計，那些普遍拒絕接受自己的不舒服情緒、給予負面評斷的人，比較容易出現憂鬱、不安的狀況。這個發現告訴我們，無論是什麼樣的情緒，原原本本地接受才是守護心理健康的重要關鍵。

情緒教育的最終目標在培養情緒的認知和調節能力，這與判斷、教導情緒的對錯有明顯區別。因此，在使用像情緒儀表這類心理工具時，要避免用舒適度的高低來判定感受到的是「好情緒」或「壞情緒」。很多人會認為舒適度低的情緒是「不想感受到的情緒」，所以就等於是壞情緒，但情緒其實沒有好壞之分，每一種情緒都有其意義，對我們來說都應該重視。舉例來說，「恐懼」會喚起我們的警覺心，確認是否處於安全的環境；而「悲傷」在心理學中被認為是一種可以促進分析、思考的情緒。不管是學校生活或社會生活也一樣，遇到必須討論的時候、受到不好的對待或嘗試新事物時，我們不只會產生幸福、安定等愉悅的情緒，也必然會有一些不舒服的感受。

那麼，在凡事都要求幸福的世界裡，若要守護孩子能原原本本感受情緒的權利，應該怎麼做呢？首先就要由父母做起，擺脫只展現幸福面貌的強迫觀念。比起堅持每天的情緒儀表都要在舒適度高的黃色或綠色區塊，不如就順其自然表現真實的感受。這種在日常中自然的各種反應，就是引導孩子不需為自己的情緒感到羞愧的最好方法。積極、正向的能量固然好，但也要記住，凡事都表現得幸福快樂的父母培育的孩子，當遇到不舒服的情緒產生時，很可能會無法坦然接受，反而覺得自己不該有那種情緒。

「媽媽現在很累，需要休息，你先自己看書好嗎？等媽媽恢復體力，就可以陪你一起看你喜歡的書了。」

「今天媽媽在公司工作不太順利，所以心情不是很好，你願不願意陪媽媽一起聽音樂、跳跳舞，放鬆一下呢？」

在舒適度高的情緒之下，持續隱藏、迴避舒適度低的感受，總有一天勢必會對孩子爆發出來。為了避免那樣的情況發生，父母應該重視自己的每一種情緒，原原本本地接受和表達。看到父母不迴避、坦然面對情緒的樣子，孩子也會有自信成為自己心靈的主人。

學習身體發出的情緒信號

非語言信號

對成年人來說，即使對方沒有表露情緒，一般也可以透過對話內容、氛圍或手勢、表情得到一些信號，給予適當的反應。像這樣觀察對方言行、推測對方情緒感受的技術，就是共鳴能力的核心，也是形成、維持順暢人際關係所必備的力量。但是未成年的孩子們，連自己的情緒都無法完全認識、理解，當然也就沒有能力讀取別人的非語言信號；不僅很難領會他人的意思，也可能難以察覺自己與對方的想法差異。這種情況，在同儕關係中最容易看到。

以朋友生日準備禮物為例，如果是大人，對朋友有一定的熟悉度，平常就會觀察對方的喜好或興趣來作為挑選禮物的參考，但以孩子的立場來看，會認為「我喜歡的東西，別人也會喜歡」，考慮的是自己的愛好而非對方的心。孩子這種還不成熟的理解力，在學校團體生活中很容易引發矛盾。尤其是低年級的孩子，大多不擅長用言語明確表達自己的感受，因此除了教導表達情緒的詞彙之外，也要教他們認識表達情緒的非語言信號。例如，當對方皺眉或轉頭時，可能就是需要自己空間的信號。透過解說傾聽的眼神和姿勢，教孩子如何當個稱職的「聽眾」，當對方說話時看著他的眼睛、適時點頭呼應、嘴角上揚微笑，這些在過程中簡短回應的非語言表達方式，也是將來進入社會後對人際關係有幫助的人生技能。

所有情緒都會寫在臉上嗎？

看到表情很明顯的人，會說他是情感表達坦率的人；相反地，如果是善於隱藏內心的人，就會說他無法捉摸，給人負面的印象。或許，社會對於將情緒顯露在臉上的普遍期待值很高。

假設你是執導話劇的導演，根據經驗、個性、個人標準會有一些差異，但有趣的是，針對某些特定的情感，大部分的人都會聯想到類似的非語言表達方式。例如主角面對突如其來的慌亂狀況，會用加快步伐、臉色變得蒼白、不自然的手部動作等來表現；剛剛告白成功的情侶，會聯想到紅暈的雙頰、目不轉睛的視線，以及不自覺流露的微笑等身體信號。

獲得美國聯邦調查局和中央情報局認可的心理學家保羅．艾克曼（Paul Ekman）認為，因為人的情緒會體現在表情上，如果充分利用具有代表性的特定線索，就可以提高與他人溝通的效率。他指出，表情並不是經由社交學習而來的，是不分人種、國家、文化，具有共同性的。為了證明這一點，他以幾乎與世隔絕、沒有受到其他文化影響的巴布亞新幾內亞人為對象，展示各種表情的照片。結果發現，一向與外界隔絕的巴布亞新幾內亞人，在看到其他不同種族的人皺眉的表情，就可以推測出「生氣」的情緒，由此證明表情並不是學習的結果。

他在著作《心理學家的面相術》（*Emotions Revealed*）中還列舉了先天性視障者的例子，說明如果表情是學來的，那麼同樣的情緒，打從出生就看不見的視障者應該會做出與一般人不同的表情，但其實不然，視障者的表情和一般人沒有兩樣。起初，艾克曼集中研究恐懼、憤怒、快樂、悲傷、厭惡和驚訝這六種基本情緒的表情，後來又開發出可以有系統地分析臉部細微的肌肉動向、推測情緒的「面部動作組織系統」（Facial Action Coding System，簡稱 FACS）。這套系統不僅在美國犯罪調查和思覺失調症研究中得到廣泛應用，他還因此而三度獲得美國心理學會頒發的傑出科學貢獻獎。

艾克曼雖被譽為二十一世紀最有影響力的心理學家之一，但依然有人反對他的論點，主張表情是透過文化或環境等外部因素學習而來的，因為這需要長時間廣泛的學習，所以自然而然把特定的身體反應和特定情緒聯想在一起，因而使人誤以為表情沒有文化差異。反對人士的代表依據，就是任何人多少都曾做過的「虛假表情」。他們認為人經歷了社會生活，時常會隱藏真實感受而表現出其他的情緒。例如為了討好上司，明明不開心卻仍笑著接下工作。類似這樣的非語言信號，就是人類表情來自於「學習並模仿」的證明。

對此，艾克曼博士反駁指出，經過調節的虛假表情與發自內心的表情不同。人們認為自己可以隨心所欲地控制表情，但在臉部的細微肌肉中，存在著無法憑意志調節的肌肉，例如發自內心微笑時，眼角肌肉會移動，腮幫子會往上；但虛假的微笑雖然嘴角上揚，眉毛和眼窩卻不會動，若與真正的笑容對照會顯得表情不搭調。換句話說，即使為了隱藏真正感受而「做」出不同情緒的表情，還是與「真正的表情」有明顯差異。

艾克曼說，情緒和表情本來就是存在的，但配合狀況選擇表情就是受文化影響。也就是說，當人獨處時，心裡的感受會原原本本地展現在臉上，但若是與他人在一起，就會考量社會規範、氛圍等展現經過「管理」的表情。

情緒與表情之間的關係，在專家、學者之間一直都是熱烈討論的議題。儘管如此，美國教育仍致力於指導孩子熟悉非語言信號，因為當孩子的語言表達不熟練，或是還無法獨立理解情緒時，這樣做能幫助他們與世界溝通。不過，由於表情和情緒並不會永遠一致，所以也要避免讓孩子完全依賴非語言的表達方式，因為如果過於依賴表情來解讀他人的情緒，反而很可能誤解別人的感受，成為溝通的絆腳石。

關注表情和肢體語言的遊戲

在家中最容易使用的工具就是照片。照片比圖畫更能生動地展示出現實中的表情，是理解表情中蘊含情緒的最佳練習工具。剛開始，可以使用艾克曼的六種基本情緒——恐懼、憤怒、快樂、悲傷、厭惡和驚訝——來練習。當感受到多種情緒時，可以談談臉部會發生什麼變化，或者利用互相模仿表情的「用身體說話」遊戲，觀察非語言表達的特色。在這裡還可以結合情緒儀表，推測對方正在表達什麼顏色的情緒，或是用表情卡片來玩配對遊戲等，都可以提高孩子的參與度，有趣地學習情緒的表達方法。同時，還可以看著充滿家人共同回憶的照片，再現當時的情況，想像如果「有人插隊」、「被邀請參加好朋友的生日派對」等狀況，練習使用非語言的方式表達情緒。

認識複合情緒與矛盾心理

情緒認知為什麼困難？

俗話說「知人知面不知心」，要真正了解人的內心是非常困難的事，也許是因為我們的情緒每天都會發生數十次變化，只要回想今天早上，就會發現因為忘了帶傘而煩躁，到辦公室後看到同事放在桌上的一杯熱咖啡，心裡又溫暖了起來。我們的心隨時都在變化。

不止於此，比情緒變化更複雜的是，我們並非一次只有一種感受，恐懼、憤怒、快樂、悲傷、厭惡和驚訝這六種基本情緒會互相結合，衍生出擔心、自豪、羡慕等複合情緒，有時還會產生相反的矛盾心理，例如我們常用「既高興又捨不得」，來形容某件事結束時的心情。表達這種意義的英文為「bittersweet」，也就是「悲欣交集」，顧名思義就是苦澀但甜蜜，包含喜歡和不喜歡的情緒。乍聽之下，可能會覺得很荒唐，但事實上像這樣邏輯矛盾或看似對立的情感共存的情況，比我們想像的要多。就像有人喜歡鄉村的幽靜，卻也會感覺無聊；鼓起勇氣挑戰新工作的同時，也會害怕失敗。

會出現矛盾的情感是很自然的事，而認知到情緒糾結，培養選擇為其中哪一種心情注入力量的能力就很重要。這些選擇匯集在一起，會為個人性格和自我認同找到定位。如果找不到定位就無法自主判斷，那麼一不小心就會以為自己是雙重性格，陷入羞愧或演變成優柔寡斷的個性。尤其在兩個對立的情緒中，如果長期無法確立自己真正想要的是什麼，處於混亂狀態中，就很容易浪費時間，錯失人生的重要機會。

那麼，什麼時候讓孩子開始學習控制複雜情緒的方法比較好？比起學習方法，更重要的是孩子能否意識到複雜情緒的存在。塞爾維亞尼什大學的米勒娜・史內爾（Miljana Spasić Šnele）教授，為了找出孩子是從什麼時候開始可以認知到一種以上的情緒，特別找了六十名四到八歲的兒童進行一個有趣的研究。研究人員找了迪士尼動畫《小飛象》，讓孩子們觀看主角同時展現多種情緒的場面，然後調查孩子們感受到什麼樣的情緒。結果顯示，四、五歲的孩子只回答其中最突出的一種情緒；六、七歲的孩子則會說出有「傷心和疲憊」、「高興和驕傲」等相似的情緒；七歲以上的孩子則認知到「喜悅與悲傷」、「激動和恐懼」、「愛和嫉妒」等相對立的情緒。

研究人員還發現更有趣的一點，就是從認知到這些情緒開始，孩子們直接體驗複合情緒的經驗也開始增多。這也就是在小學入學前後，很多父母會發現孩子突然變得經常隱藏情緒或容易失控。因為這個階段的孩子可能經歷了弟妹出生，心裡覺得很高興，卻又同時產生嫉妒；或是和朋友一起玩的時候很開心，但朋友耍賴時又覺得很討厭。當孩子同時產生了對立的情緒，就會處於「我也不太清楚心裡的感覺」這樣的狀態。如果這些情緒一直隱藏在心裡，越堆越多，孩子一直覺得混亂，最後就會出問題，出現像咬指甲或心因性腹痛等身體反應。

特別是孩子經歷混亂後出現的問題行為，時常會被誤認是「青春期反應」而被輕忽。如果孩子在特定環境中變得特別安靜，或表現出與平時不同的樣子，就可能是需要幫助認知或表達複合情緒的信號。如果不想讓孩子獨自經歷情緒的混亂，父母就要找出引發問題行為的情緒因素。如果父母真誠地關心孩子的心情，孩子也會願意邀請父母進入自己的世界。

方法①｜分享一天中的高峰與低潮

若想好好解開糾結的情緒，就要有真實表達心情的經驗。因此，每天晚上睡前，可以與孩子分享這一天最快樂和最不開心的時刻，建立情感交流的時間。這段「高峰和低潮」的時間，就是親子共享彼此在這一天，各自在公司或家裡、學校所經歷的事，父母可以了解孩子的苦惱或最近對什麼事有興趣；孩子從父母描述的內容中，也可以感受到多種情緒共存的事實。那麼感到混亂的複合情緒慢慢就會被接納，成為生活的一部分。

在與子女進行複合情緒對話之前，一定要詢問孩子是否準備好分享心情。因為就算父母準備得再好，如果孩子沒有對話的意願，那麼不論怎麼做都會讓孩子感到被強迫。如果孩子還沒準備好，這時父母最好的做法就是等待，並告訴孩子「只要準備好了，爸爸（媽媽）隨時都願意傾聽」。

方法②｜紅色＋藍色＝紫色

善於認知複合情緒的孩子，就像擁有整理好的書架一樣，可以快速精準地表達自己的感受。那麼，有什麼方法可以幫助處於混亂心情狀態的孩子了解自己呢？

如前所述，情緒儀表是很好的工具，特別是象限圖形，讓情緒的活力度和舒適度一目了然，若能好好運用，對探索不同情緒是很有用的。「活力度像『憤怒』一樣強，但是『舒適度』比較高的情緒是什麼」、「舒適度與無聊差不多，但是活力度更低的情緒是什麼」，透過這類問題，可以培養孩子掌握情緒之間差異的能力。

在進行複合情緒的對話時，靈活運用情緒儀表的色塊會很有幫助。代表基本情緒的紅、黃、藍、綠中有三個是原色（紅、黃、藍），如果將其中兩種原色混合成二次色，再結合較細膩的情緒詞彙，就會成為教導複合情緒時最好的工具，可以像這樣提出能夠讓孩子深刻思考的問題：

「紅色代表憤怒，藍色代表悲傷，兩者混合而成的紫色會代表什麼樣的情緒？」
「在那兩種情緒中比較多的是哪一種情緒？兩者比例大概要多少比較合適？」

透過混合色彩和詳細的情緒詞彙，讓孩子有機會更深入了解自己複雜的心情。

方法③　活用描寫複合情緒的繪本

引導孩子們毫無負擔地表達自己心情的媒介，就屬繪本最好。特別是看過之後，與生活相關的內容會自然而然連接到跟情緒相關的對話。在此介紹兩本內含多種情境，可以有效開啟複合情緒對話的繪本，第一本是美國出版的《雙重滋味》（暫譯自 *Double Dip*），書中展現了一般人在日常生活中常碰到的狀況。英文「double」，常被用來表達在食物中加入兩種以上的醬汁，或是兩球不同口味的冰淇淋疊在一起吃，所以「double dip」也包含了語言遊戲的要素。

特別推薦和孩子一起讀完這冊繪本後，可以在餅乾上塗果醬、奶油、番茄醬等，享受不同味道混合在一起的滋味，再來分享是什麼樣的感覺。有些好吃的食物，如果任意跟其他食物混合，反而會失去原本的風味；同樣的道理，複雜的情緒若是一直放任不管，只會增加心理負擔罷了。

另一本是韓國出版的《兩顆亂七八糟的心》（暫譯），這本繪本也經常用來作為教導複合情緒的教具。就像書名一樣，這本繪本描述主角艾莉如何坦率表達混亂心情的過程。其中包含了利用玩偶遊戲、圖畫，以及用自己的情緒造字造句等創意的表達方式。

如此靈活運用，孩子很快就會了解如何調整心態。

在這本繪本中介紹的「創新情緒詞彙」，結合時下的流行語，創造出「對不起害羞」（感覺對不起的同時又覺得害羞不好意思）、「氣難受」（覺得生氣又難受）等趣味、滑稽的詞語，除了刺激創造力，也可以在幽默自然的氛圍中引導孩子表達情緒。另外也能夠看到書中提到情緒時的小遊戲，像是與孩子討論相反的情緒是什麼，或是腦力激盪出符合書中情緒的擬聲詞或擬態詞等，藉此創造更加有趣的心靈教育時間。

好好掌握後設情緒

除了正確認知、表達情緒之外，調節情緒的能力也同樣重要。有時很生氣會有想摔東西的衝動，但我們不可能真的那樣發洩。如果所有人都把自己的情緒毫無保留地發洩出來，世界就會失去秩序和理性。如果父母曾直接或間接經歷過因衝動而感情用事、付出代價，當看到孩子因無法控制怒火而「砰」地一聲甩門或口出惡言時，心裡一定會很驚慌，因為擔心孩子會就此定性，言行脫離社會規範的「禮儀」。這種時候，父母多半會要求孩子立刻改正，但往往只會讓親子雙方的情緒都更激動。

「誰教你那樣甩門的？立刻過來給我好好把門關上！」

「我把你養大是為了聽你說這些話的嗎？」

雖然本意是希望平息孩子的憤怒，但因為把注意力放在矯正行為上，沒想到反而導致自己發火。不過換個立場想，實踐本來就不容易。因為在情緒激動的情況下，就算是知道如何控制情緒的成年人，也不可能每次都保持平常心，或即使憤怒卻依然舉止有禮。因此，遇到這種狀況，不要盲目地強迫孩子調節情緒，而是要先理解這是很難做到的事，如此才能預防父母受到子女牽動，也跟著做出情緒化的反應。孩子也不喜歡負面情緒，在情緒的波濤中其實也最為不安；因此，父母努力傾聽孩子內心的聲音，才能成為堅固的錨，避免孩子被情緒的波濤吞噬。

大人的後設情緒如何影響孩子的後設情緒？

一般人多認為情緒是受外部狀況影響而產生，但為什麼我們在經歷同樣的情況時，每個人的感受不同，表達方式也不同呢？那是因為情緒的形成不僅是根據當下的狀況，同時也仰賴我們之前的經驗和感受。也就是說，我們經歷的過去感受，造就了現在的情緒。每個人的情緒歷史，可以說都是從幼年時期圍繞著自己的環境開始。小時候因家庭而形成的價值觀，與不知不覺間產生的感受交織在一起。特別是幼兒期，家庭成員對孩子影響最大，而這時接觸到的情緒，日後也會成為衍生其他情緒的核心要素。像這樣，我們無意識中存在著「關於情緒的情緒」，這在心理學上稱為後設情緒（meta-emotion）。如果能理解自己的後設情緒，就會知道自己的情緒歷史，並能正確掌握情緒，調節起來也會變得比較容易。

情緒指導大師高特曼教授表示，父母的後設情緒不僅包括「對自己的感受」，還包括「父母對孩子感受到的感受」。最具代表性的例子就是養育者看著哭鬧的孩子時，心中可說是五味雜陳。有些父母看到孩子哭，心裡也覺得悲傷，有些父母則是會感到疲憊、生氣、憂鬱、可憐等。只要是人，都會根據自己的情緒歷史，產生不同的後設情緒，而這種後設情緒也會影響父母對孩子的態度。父母若從小被訓斥「哭是軟弱的行為」，長大後聽到孩子的哭聲，就會想起過去自己因為哭而被責罵的記憶，很容易導致以同樣的標準來要求哭泣的孩子。

很多父母其實也很鬱悶，「我也不知道我為什麼會這樣」、「面對孩子我也無法控制情緒，實在感到很羞愧」，一般來說，這種混亂是因為沒能好好觀察自己感受到的情緒而造成的。

如果在親子關係中反覆出現不想要的情緒，那麼做父母的首先要觀察自己的後設情緒。只要能掌握自己生氣的原因，就可以讓心情舒服一點，也可以客觀地觀察，是不是因為自己的後設情緒而對孩子表現出過度強硬的態度？一早忙著上班、上學時，父母卻看到孩子拖拖拉拉慢吞吞的，就會忍不住大聲責罵、催促。如果你家也是這種狀況，就應該先回顧一下過去自己是否曾因為沒能遵守時間而出問題，那麼擔心遲到的不安感就是你的後設情緒。這就像設置舒適圈一樣，在面對孩子的同時，也再次觀察自己的反應是否適當。

方法① 運用情緒記錄表尋找模式

當然，要察覺自己的後設情緒沒那麼容易，這往往是在一段很長的時間內形成的，並產生二次甚至三次的後設情緒。要找出其根源，比起理解內心多種感受混雜的複合情緒，更需要成熟的認知力。

要掌握後設情緒，專家們推薦可以運用情緒記錄表（emotion log）這類可以長期追蹤情緒的工具。這是根據5W1H原則，記錄自己主要在何時（when）有何感受（how），又是在何種狀況（what）下為何（why）發生，以及是否面對特定人物（who）或在特定場合（where）下特別容易觸發。在美國的資優小學，老師和學生每天都會寫情緒記錄表。在寫的時候，建議可以參考以下型式：

- 我通常什麼時候覺得生氣？
- 和我上週生氣的情況有什麼共同點嗎？
- 若在同樣的情況下，但對方改變了，那我還會這麼生氣嗎？
- 別人對我發火的時候，我是什麼感覺？
- 我生氣的時候，怎麼做可以幫助我恢復平靜？
- 對方（人或事物、變化等）的哪些方面可以幫助我調整心態？

問這些問題的目的不是要評斷自己的感受對不對，而是訓練自己真實地觀察情緒，並掌握發生的原因。如果知道每當和特定的人在一起時，就會出現煩躁的情緒，就要努力改變和對方的關係。情緒記錄表能幫助我們分析，不舒服的情緒是來自哪個人的哪種行為或語氣，或是與自己過往的後設情緒有關。在將情緒歸咎於外部因素之前，先反思自己，這也會幫助我們更能理解他人、對他人更寬容。例如針對以前會讓自己覺得「怎麼會那樣」的事，想想會不會是因為自己的後設情緒才讓自己比別人感覺更失落？若能考慮這種可能性，在處理上就會有所不同。因為要完全消除後設情緒是不可能的，所以不如將其視為今後生活上要特別留心的部分。如果能持續運用情緒記錄表來自我省察，那麼也會累積出「客觀判斷情況，並相應調節情緒」的力量。

方法② 掌握情緒的鑰匙

掌握情緒發生的原因，就像是握著情緒的鑰匙一樣。也就是說，如果能正確理解什麼原因造成自己生氣或高興，就可以提前應對，避免觸動「扳機」，誘發不想要的情緒。例如你每天早上都會擔心來不及上學而對孩子發火，當你察覺到有這個問題時，就是變化的開始。接下來可以努力做一些改變，例如先規劃好早晨的待辦事項，或是每天提早十分鐘起床，增加緩衝時間。如果讓孩子也了解自己的情緒在時間、日程、天氣或朋友等各種因素中，受哪一種的影響最大，就可以事先預防。當然，我們不可能正確預測所有未來發生的事、完全避免負面情緒，但是透過預測和調整，消除部分不必要的壓力因素，就能確保心理上的從容。養成觀察自己的習慣，包含：你如何看待生氣時的自己？生氣會引發什麼後設情緒，是恐懼、羞愧、不公平，還是失控之感？如此一來，就能掌握情緒的鑰匙。

如果能明確了解自己常見的情緒模式和原因，那麼之後當同樣的情緒再起時，就可以回顧過去經歷這種心情的最初記憶，藉此邁向更明確的後設情緒認知。不論是曾經幸福的記憶、羞愧的記憶還是自尊心受傷的記憶，當意識到某些情緒變化比較明顯時，就要問問自己那是否成為心裡的傷痛，因為當類似狀況發生時，當下情緒的反應會特別敏感。掏出過往的回憶，不論是在遊樂場邋鞦韆、被媽媽訓斥或考試一百分等，再列出當時的感受，也是回顧情緒歷史的方法。

現在是必須了解後設情緒的時代

二〇一二年，臉書在未取得六十九萬多名用戶同意的情況下，強行進行操控情緒的實驗，因而引發了爭議。這個實驗由臉書與康乃爾大學共同進行，他們將用戶的臉書頁面——也就是我們會看到朋友動態、各種評論、影片、圖像還有各種網站連結的頁面——進行篩選過濾，調節裡面出現正面訊息與負面訊息的頻率，並觀察用戶的情緒變化。結果顯示，接觸較多正面訊息的人，在自己的個人頁面中也會有較多正面的貼文；而暴露在負面訊息中的用戶，在個人頁面中則出現了更多負面內容，臉書表示這叫做「情緒感染」（emotional contagion）。這個實驗顯示，如果社群網站被錯誤濫用，那麼大量用戶很可能在不知不覺中失去掌控自己情緒的主導權。有鑑於此，當人們生活在可能由ＡＩ掌握或誘導情感的時代，正確掌握自我的後設情緒可能不再是一種選擇，而是必要的課題。

父母在情緒教育上常犯的錯誤

情緒教育應該從何時開始、何時結束？

經常有人問起情緒教育的適當時機。在小學教育中，無論是哪一種能力，只要是從頭學習，想要真正成為自己的東西並經常使用，大概需要兩年多的時間。而認知、調節心靈的能力更需要持續不斷地努力，並非一蹴可幾。對此，CASEL主張每週至少進行三十分鐘以上的社會情緒教育，並持續超過一年，才會有明顯效果。因此，觀察孩子內心的教育不應該是「總有一天要做的事」，反而應該是「越早開始越好的事」。

不過，對於適合起步的年齡，各界也存有許多不同主張。在公共教育中，比較偏向孩子口語發展到能夠交流情感的程度時——也就是四到六歲，就可以開始進行社會情緒教育。但父母用語言描述孩子的身體情緒表現，對孩子的感受顯露出共鳴，這些基本的情緒理解，在兒童發育的接收語言階段也適用。換句話說，社會情緒學習並非明確訂定何時開始、何時完成的教育，而是從父母與孩子開始交流的那一刻就邁出第一步了。

答案不只一個

真正開始進行社會情緒學習時，不僅是父母，很多老師也常不太清楚應該用什麼樣的課程來引導。在美國的學校，內部都有自行指定及慣用的課程，但在韓國目前尚未有相關資源。而實際上，雖然訂定了授課內容，但美國的學校也很少會照表操課。因為即使照著課程內容教導孩子，但如果過程太枯躁，也很難期待孩子會投入。因此，美國的學校採用CASEL提出的各種教案，並以目前的班級或家庭為中心，靈活彈性地重新調整授課順序。如果最近班級氣氛混亂，就帶著孩子們一起閱讀有關「責任感」的繪本，或是重新檢視在學期初「一起制定的規則」，而這些都是孩子需要的引導。此外，像總統選舉或奧運會等日常生活中的話題事件，也可以成為指導用的素材。別忘了，比起「唯一的正確答案」，傾聽孩子關注的事才是最佳教材。

孩子情緒的主人，是孩子

在幫助孩子親近自己情緒的過程中，很多父母會忘記界限，過度投入情感。如果孩子一臉不高興地放學回到家，父母多半會劈頭就問：

「是誰欺負你了？」
「是不是沒有人跟你玩？」
「今天上臺報告有沒有出錯？」

父母根本就不等孩子檢視自己的情緒，只是憑自己想像發生的問題，並試圖幫孩子解決。與孩子進行情緒對話時，要避免用答案只有「是」、「不是」的封閉式問題，而是要給孩子機會表達感受。因為父母不可能一直跟在孩子身邊幫助他分辨自己的情緒。而且，在孩子表達之前就急著預測問題，會讓孩子把自己當成「孤獨的人」、「不受歡迎的人」、「不會表達的人」。特別是若使用具批判意味的「你是不是又……了」這種句型，或是在他人面前像貼標籤一樣斷言孩子一定是怎樣怎樣，孩子就會出現錯亂，明明沒有做的事，卻自我接受，認為自己就是那樣的人。

如果孩子表現出問題行為或需要調節情緒，父母談論的主題應該是特定的行為或情況，而不是孩子本身，也就是對事不對人。假設面對同樣的問題，有人會歸咎於孩子，說「我家小孩天生就內向」、「你又不吃蔬菜了，對吧」、「愛哭鬼又要哭了」；也有人會說「與第一次見面的人慢慢互相了解比較好喔」、「這裡有不同顏色的蔬菜，就每個顏色各吃一個吧」、「看來你現在需要一個人靜一靜吧，沒關係，媽媽會等你，等你覺得可以了再來告訴媽媽吧」。一旦表達的方式不同，給人的感受也完全不一樣。孩子遠比我們想像中更在意父母說的話，他們會以自己的方式解讀，並賦予意義，因此，即使是很小的事情，也要帶著真心誠意表達，這樣才能守護孩子的自尊心。父母為子女提供表達自己感受的廣闊空間，放下急躁的情緒，正是培養孩子自立解決問題的祕訣。

有不喜歡情緒教育的孩子嗎？

「老師，每次我只要跟孩子提議聊聊天，他就會一直搖手拒絕我。」

「如果照著情緒學習的內容，孩子就會嫌老套，根本就不喜歡。」

不僅是父母，朋友當中一定也有心裡想什麼就說什麼的人；相反地，也會有不輕易吐露心聲的孩子。特別是小學高年級左右的孩子，開始會產生自主意識，並認為自我主張比較重要，因而抗拒與父母的對話交流。因此，社會情緒學習盡早開始比較好，因為若能在小學低年級前就進行與情緒相關的對話，及早消除表達心理感受的障礙，將有助於持續維持對話。

如果孩子在小學低年級時就對這種對話不感興趣，那麼父母就必須仔細檢視情緒教育開始的時機。因為這個時期的孩子多半喜歡成為對話的中心，如果只在孩子生氣、出現激動反應時才進行情緒教育，或者強迫孩子遵循某些規範，那麼孩子只會覺得父母做那些事是想控制自己的想法或處罰。特別是當孩子怒火中燒時，再怎麼有用的調節方法也很難奏效，所以應該趁孩子情緒平和的時候，多和孩子對話，並運用想像情境劇的方式討論應對方法。如果孩子出現比較激動的模樣，則不需在他情緒正高亢時要求對話，可以等到孩子的心稍微恢復平靜後，再一起回顧發生的事，這才是最有效的指導時機。

培養調節情緒雲霄飛車的能力

孩子原本玩得好好的，突然不知道是對什麼不滿意，馬上就發脾氣；但沒想到才過了一會兒，又在哈哈大笑。如果孩子的情緒起伏大、有什麼感受會立刻表現出來，父母到底該如何配合他的節奏，實在是一大難題。同時，孩子若無法好好緩解情緒、凡事看心情行動，也很容易對人際關係產生負面影響。對於這樣的孩子來說，最需要的是克制衝動的調節能力。

通常一聽到「衝動」這個詞，就會聯想到像沉迷於遊戲或酒的人一樣，會嚴重到無法控制。但我們的行為大部分都與衝動密切相關，就像回到家脫了襪子很想隨手一丟，卻還是忍住，乖乖地拿去放在洗衣籃裡一樣，即使是很小的事物，比起一開始最想做讓自己感覺最舒服的行為，我們會選擇比較正確的行為，這也就是調節衝動的結果。

在群體生活中控制自己的需求尤其重要。即使有話想說，在他人說完之前也要控制好自己的情緒；就算肚子很餓想快點取餐吃飯，還是要忍耐跟大家一起排隊，這在群體生活中都是必需的。實際上，需要練習控制情緒的人，大多在遵守學校規定的規律生活習慣方面有困難。那麼，調節自己欲望的能力是天生的嗎？有什麼方法可以增強控制衝動的能力？

棉花糖實驗的成功條件

關於衝動控制能力，不得不提一個有名的實驗，就是在一九九〇年代史丹佛大學進行的棉花糖實驗。研究人員將棉花糖遞給四歲的孩子，並說明如果在規定的時間內不吃，等等可以多得到一顆。接著研究人員離開房間，觀察孩子們的反應。一些孩子抵不過衝動吃了棉花糖，而另外一些孩子則懷著期待，選擇等待更大的回報。後來研究人員進行追蹤研究，發現那些選擇等待的孩子，之後在SAT考試（美國的學術水準測驗考試）成績較優異，因此主張衝動調節能力可以作為孩子的成功指標。這個實驗後來引進韓國，引起許多父母好奇，想知道「我的孩子會怎麼樣」，甚至一度還流傳謠言，說每天給孩子棉花糖讓他習慣，藉此提高調節衝動的能力。

但是，鮮少人知道，在二〇一二年有個實驗，揭發了真正提高孩子衝動調節能力的核心要素。那是美國羅徹斯特大學進行的一項實驗，可以說是「進階版」的棉花糖實驗。研究人員將幼兒園年齡的孩子分成兩組，先讓第一組孩子用斷掉又不起眼的蠟筆畫畫，然後答應孩子只要稍等片刻，就會拿新的蠟筆給他們，但是研究人員故意食言。接著又給孩子們小貼紙，然後同樣承諾說等一下會給他們更大的貼紙，結果當然也是刻意不守信用。相反地，對第二組的孩子進行同樣的流程，差別在研究人員遵守約定，給孩子新的蠟筆和大貼紙。最後，研究人員再進行一次棉花糖實驗，令人驚訝的是，比起第一組，第二組有比較多人忍住不吃棉花糖。之前一直期待落空的第一組，不再相信研究人員的承諾而放棄等待。由此證明，孩子的衝動調節能力的基礎來自於「信任」。

換句話說，孩子們的衝動調節能力不僅會受到環境狀況的影響，還會透過有無信任基礎的期待來強化。在家庭中，創造這種核心要素的條件，就是父母是否保持一致的態度。如果孩子做同樣的行為，父母卻會因當下的心情而有不同的反應，充滿了不確定性，那麼孩子也就很難有毅力來調節衝動。

方法①｜透過遊戲學習

在美國，針對小學低年級孩子的衝動調節能力，著重焦點放在肢體動作的調節。因為這個時期的孩子對空間的認知能力尚未成熟，還不能掌握自己需要多大的空間行動才會覺得舒適，也仍在適應與其他人在同一個空間裡活動的情況。因此，孩子對於不能超過桌子中線，或必須在規定時間內坐在自己的位子上聽課，可能會感到困難。倘若發生爭執，也會因為語言表達尚未成熟，出現動手推擠、甚至是咬其他同學的突發行為。

但這些行為不是透過處罰或反覆提醒就能輕易解決，因為在沒有提供調節衝動機會的環境下，孩子無法練習如何拒絕誘惑，只會在受到指責的瞬間暫時矯正行為，甚至還可能會因為大人反覆說教而引發反彈，所以務必注意。

因此，比起在問題發生後糾正行為，美國小學更著重在平日課間活動（brain break）時間，藉由特別設計的遊戲，讓孩子練習遵守規範、調節衝動。其中孩子們反應最好的遊戲就是美國版「紅綠燈」。遊戲方式是「綠燈」可以自由移動，當聽到「紅燈」的指示時就要立刻原地靜止，停止一切動作。這對轉換環境有困難、需要練習遵守規範的孩子來說，是非常好的訓練。特別是好勝心強、不服輸的孩子，透過遊戲體驗有贏也會有輸，能練習無論勝負都要接受結果，並學到最重要的是全力以赴、樂在其中。

除此之外，還有「靜止舞」（freeze dance），孩子邊聽音樂邊跳舞，當音樂驟停時，就要立刻像凍住一樣停止動作；「老師說」（Simon says）也是很受歡迎的遊戲，這就像我們童年玩的「大風吹」，要集中注意力，仔細聆聽指示。類似上述的遊戲，都是在群體活動中不針對特定孩童，而是調整所有參與者的行為，因此只要善加運用，就可以帶來很大的幫助。例如，用「老師說，圍著餐桌坐的所有人現在腰挺直，頭左右轉活動一下」，取代「媽媽不是說過，吃飯的時候要坐正」的指責，以遊戲形式傳達出你希望孩子遵守的規範，這樣可以減輕孩子當面被糾正的羞愧感和反抗心，讓引導效果更好。這種遊戲經驗雖然不是直接處理問題、調節衝動，但在遊戲中，孩子可以自主決定照著指示行為做，自然而然累積調節的經驗，等於是一點一點鞏固情緒調節的基本功。

方法② 用呼吸整理心情、轉換想法

俗話說「忍一時風平浪靜」，在美國也有類似的說法，前美國總統傑佛遜就說過：「生氣的時候，在開口前先數到十；如果非常憤怒，就數到一百。」由此可知，當我們心中產生衝動想做出某種行為或情緒席捲而來時，「忍」是可以有效控制的可靠方法。

高特曼博士也指出，有時用一點時間深呼吸，對調節心態有很大的幫助，他把這個方法稱為「十五秒的奇蹟」。先集中注意力在呼吸上，深吸一口氣約五秒左右，稍作停頓後再緩緩吐出。據說這樣可以活化副交感神經系統，減少壓力荷爾蒙「皮質醇」的分泌，很快就會讓心情轉換成更放鬆的狀態。這種整理心情的呼吸法能平息當下的激動情緒、轉換心境；在美國，許多小學也會配合孩童的關注焦點來加以運用。

其中，最受孩子們歡迎的是透過有趣的故事或圖畫介紹整理心情的呼吸法。例如，在蛋糕圖畫上畫出與孩子年齡一樣數量的蠟燭，然後想像點燃後「呼」地吹熄；也可以想像把氣球吹飽氣，或是泡一杯熱可可，再用嘴呼氣吹涼。盡量利用孩子們會覺得有趣的比喻，讓孩子可以很容易理解。大部分孩子對於「想像」這件事本身就覺得很愉快，因此打造成情境劇一起練習深呼吸，會讓孩子更有興趣參與。如果想像劇本有困難，也可以使用風車或吸管等實際物品來讓孩子親自體會深呼吸，而且孩子可以親眼看到吸氣、呼氣時物品的動向，會更容易意識到深呼吸的效果。

整理心情的深呼吸，在孩子情緒高漲時作用特別明顯。因為年幼的孩子還不知道如何讓自己從情緒中脫離出來，因此運用這種方式轉移焦點，把注意力集中在其他地方，對調節情緒有很大的幫助。

此外，我們也可以運用遊戲來轉換心情，例如尋找和彩虹七種顏色相應物品的「彩虹偵探」遊戲；或是「3—2—1」遊戲，尋找三種能看見的東西、兩種能聽到的東西、一種能感受到的東西。這類需要集中精神的活動都很適合。有時看似無法忍受的情緒，其實只要暫停一下很快就會消退，孩子也會逐漸感受到自己調節心情的成就感。

方法③｜好好生氣，紓解心中的火山

不久前，距離西雅圖約九十公里遠的雷尼爾峰（Mount Rainier）冒出了白煙。雷尼爾峰是喀斯開山脈的最高峰，也是世界上最危險的活火山之一，因此消息一出，人們都感到驚慌。幸好後來專家們認為，冒煙現象應該是火山內部壓力排出所致，這樣反而可以降低火山噴發的機率。

這種情況套用在人的情緒上，其實很相似。如果把不舒服的情緒一直累積在心裡不釋放，等到某一天達到飽和時，可能就會像火山一樣一下子全部爆發，對周圍的人造成傷害。那麼，人的情緒是不是也可以像雷尼爾峰一樣，在「砰」一聲爆發之前，一點一點地噴出煙霧來緩解內部壓力、抒解負面情緒呢？

人們若要維持健康的關係，比起冷戰，面對面好好吵架反而更重要；比起一味忍氣吞聲，有不滿時好好地發一頓脾氣會比較好。但是大部分的人很少會正視自己表達憤怒的方法，結果就是衝動反應。美國的小學會運用各種活動，引導孩子檢視自己的情緒，教他們「好好生氣的方法」。例如讓孩子拿著鏡子，做出代表各種情緒的表情，並「畫下鏡子中的我」，藉此觀察自己在不同的情緒下，行為、聲音、身體動作會有什麼改變。這也是建立後設認知的時間，例如煩躁時是什麼表情，而這個表情與生氣時的樣子有什麼差異，進而讓孩子發現自己對小問題常常反應過度。

好好生氣的技巧，在人與人的關係中是必需的。我們對於那種不顧我們的感受，仍一直傷害我們心靈的朋友，勢必會對他感到不滿。此時，比起直接說出心中的不舒服，有智慧地表達更重要。如果現在想表現不是「輕蔑」，而是「堅持」，就要思考自己的反應是否能表現出適當的強度。例如一般認為堅持的表現方式是皺眉、表情嚴肅，那麼如果用大喊大叫、踢腿跺腳等過度的反應，反而會被視為破壞關係的元兇。

如果孩子知道如何調節憤怒的心靈，那麼怒氣也會得到更好的控制。當孩子情緒激動時，為了讓他平靜一點，我們常會說「不可以因為生氣就丟東西」、「誰說你可以那麼大聲的」，但這些都只是在批判、控制當下的行為，並未教孩子如何應對。比起盲目地壓抑孩子因生氣而想丟東西的心情，我們可以讓孩子用打鼓、踢球等活動來釋放心裡的壓力、調整心態。

除此之外，自我擁抱、畫畫、寫信等方法也都有一些鎮定的作用，多一些不同的方式，效果也會越大。特別是與肢體有關的活動，更可以緩和激動的情緒，對重整心情很有效果。例如，可以運用一些伸展和瑜伽動作，教孩子「想像握著一顆水果，像要捏出果汁一樣把手握緊」、「像要拿架子最上面的東西一樣把手伸直」，這些動作不只能緩解因情緒造成的身體僵硬，同時還可以轉移孩子的注意力。雖然無法控制孩子會產生什麼樣的情緒，但父母可以教他們如何有智慧地消除那種情緒，同時讓孩子知道決定權完全在自己身上，而這才是提高衝動調節能力的關鍵。

方法④｜想像自己理想的樣子

孩子無法調節心情時，會經歷各種問題，其中最令人擔憂的就是具有衝動傾向，這樣的孩子很多都對自己不滿意。要下定決心行動本來就不容易，因為會覺得自己真正的樣子和理想模樣之間有背離感。這種狀態持續的時間越長，自尊也會受到越多負面的影響。因此培養衝動調節能力，可以幫助孩子看待自己時，保持積極向上的眼光。

美國小學在教室內使用的「超時刻」（meta-moment）活動，就是分階段引導縮小差距的代表工具。首先，讓孩子描述平時自己面對情緒的方法，再想像自己「理想的模樣」，並想像「理想中的我」遇到這種狀況會怎麼做——例如下課時間，沒有同學一起玩，或是自己說話時，朋友總是無法專注，一直打斷。以這些在學校生活中可能存在的現實狀況為基礎，選擇合適的超時刻。可以在紙上畫個人偶，在臉部貼上孩子的照片，把「理想中的我」具體化，作為孩子的化身。同時，可以讓孩子發揮想像力，加上披風或皇冠，以提高投入感。最後，在人偶周圍寫上孩子所嚮往的品德或行為，引導孩子自問：「為了達到〇〇，現在的我可以怎麼做？」這種方式可以幫助孩子有系統地制定目標。因為比起像「不要生氣」這樣實際上難以實現的目標，「就算生氣，我也希望做一個不會大聲喊叫、有決斷力的人」這種榜樣更為具體，比較能夠提高實現的可能。

在家裡，則可以用「我覺得度過暑假最理想的方式是什麼」、「每天早晨固定做的事當中，我覺得最自豪的是什麼」這類問題，引導孩子勾勒出具體畫面，進而幫助孩子形成良好的生活習慣。

陪伴孩子面對焦慮的好方法

衝動暴躁的孩子會把自己的情緒直接表現出來，而常常感到不安的孩子則是很容易對外部刺激表現高度敏銳的反應。因此，會被周圍的人誤以為是高敏感族群，對嘗試陌生的事情也表現出消極的態度。

焦慮感是陌生、擔心、緊張等多種情緒交織在一起的複合情緒，要想好好控制這種情緒，就需要練習解開雜亂的思緒。「沒有關係，會好起來的」，這種安慰對於腦子裡充滿擔心的孩子並沒有實質的幫助。容易感到不安的孩子在參與團體生活時，也會擔心自己的消極態度會顯得奇怪。實際上，恐懼或擔心是所有人類都會有的自然情感，因此告訴孩子請求幫助是非常有勇氣的行為，應該得到支持，這正是面對焦慮、開始練習加以管理的方法。

方法①｜面對焦慮，戰鬥、逃跑或僵住

人類生來對於危險和不利於己的狀況多少都有一些預感，這種能力在過去保障了人類的生存，現在對於讓學生學習考試時集中注意力，以及一般人在生活中察覺周圍危險因子，更是不可或缺。但是，孩子因為極度不安而苦惱時，由於腎上腺素或皮質醇等壓力荷爾蒙的影響，心臟會快速跳動，或出現噁心、腹痛等身體症狀，因此需要培養調節能力。就像教育孩子們大腦的可塑性能增強成長型思考的能力一樣，幫助孩子們理解「焦慮」，就能擁有控制這種情緒的力量。

焦慮的認知是來自我們大腦中讓人產生恐懼的杏仁核。它會發送信號給自律神經系統，導致壓力荷爾蒙分泌。有趣的是，對於同樣情況下引發的焦慮，人們的反應也不相同。心理學認為，應對壓力因素的自我防禦機制分成戰鬥（fight）、逃跑（flight）、僵住（freeze），稱為F3。例如在外面散步，突然遇到兇猛的狗吠叫著跑過來時，人們會根據這三個機制做出不同的反應，而且生理現象也有不同。我們以何種方式對壓力做出反應，取決於構成自律神經系統的交感神經系統、副交感神經系統，哪一個的作用更強。如果是交感神經系統比較活躍，就會促使脈搏和血壓上升、抑制消化功能，使全身

進入緊張狀態，以對應危險情況。所以這種類型的人面對兇猛的狗，會出現扔東西或大聲咆哮的對抗性反應，或是做出爬到高處、逃跑的迴避性反應。相反地，如果是副交感神經比較活躍，則體內會減少脈搏和血壓的波動，進入比較遲緩的狀態。因此，在面對危險時，比較有可能出現身體瞬間僵住無法及時反應的狀態。

也就是說，我們在面對危險時的反應，是受到自律神經系統控制，因此很難隨意調節。但是，如果知道我們的身體在不安時會啟動什麼樣的防禦機制，就有助於做出理性的判斷。因為只要記住當下自己身體的哪個部分有什麼作用，這些症狀通常會在二十到三十分鐘內消除，那麼就可以防止陷入極度的恐懼。特別是容易焦慮的孩子，經常會被「這種情緒永無止境」的悲觀想法所束縛，如果這類孩子能將此視為身體自然反應，就可以記住情緒的暫時特性。

方法② 區分真擔心和假擔心

恐懼、擔心、不安等情緒沒有實體，而越是焦慮，越會讓人想像最壞的情況，也會把問題看得比實際更嚴重。無法明確區分現實和虛擬世界的孩子，很容易因為這種過度的擔心而引發焦慮。因此，培養區分焦慮來源的能力非常重要。

在美國小學，為了培養掌握焦慮的力量，經常使用的招牌活動就是「擔憂雲」。先請孩子把最近讓自己感到不安的苦惱寫在雲朵造型的圖表上，再按照實際發生的可能性排列，可能性越高就排在越前面。特別是像「擔心運動會那天跑步會摔倒」這種不曾發生的事，以及「這星期弄丟了三塊橡皮擦，如果這回又不見，一定被媽媽罵」這種因過去經驗而成為恐懼原因的事，若孩子能學習加以區分，對於培養判斷力很有幫助。

孩子若能知道自己感到不安的原因，就可以視情況應對。對於從未發生過但不知為何會感到苦惱的事，可以去聯想其他的成功經驗，例如「上次學藝競賽上臺前也很緊張，但實際站到臺上後不是表現得很好嗎」，或是「為了運動會每天都到操場練習至少三次，一次也沒摔倒過啊」，就像這樣透過回想來建立自信。

父母出面的稱讚固然好，但如果能引導孩子想起自豪的過去經驗，效果會更加倍。相反地，如果孩子是因過去發生的失敗經驗而感到不安，就可以啟動成長型思維，引導孩子思考「為了避免發生像上次一樣的事，這次應該要做些什麼改變」，例如「為了避免這次又弄丟了橡皮擦，使用完之後就固定放在一個地方吧」。引導孩子找出克服問題的方案，可以減少茫然的恐懼感，並了解自己的心態會因為自己的選擇而改變，這對長期的情緒調節能力也會產生正面影響。

藉由上述步驟分析帶來不安的因素，再將象徵擔心的雲朵造型紙撕碎，像下雨或下雪一樣落下，「擔憂雲」活動就結束了。用手指撕紙的動作有助於找回穩定的心，讓孩子明白，像烏雲一樣的苦惱，只要仔細觀察就能找到解方。

方法③｜辨別能改變和無法改變的事

英國有句諺語說：「憂慮就像一張搖椅，讓你晃來晃去，好像很忙似的，但你只是原地踏步。」特別是經常感到焦慮的人，對於自己遇到的所有煩惱，都一一用盡全力思考，這是非常吃力的事。為了能有效對抗這種狀況，我們必須懂得明確區分自己能控制和不能控制的事，再決定優先順序。寫過《管他的》（*The Subtle Art of Not Giving a F*ck*）一書的馬克・曼森（Mark Manson）表示，在生活中會碰到的狀況大致可分為四種，分別是「我能控制的重要事情」、「我能控制但不重要的事情」、「我無法控制但重要的事情」，以及「我無法控制也不重要的事情」，而人應該集中於自己能控制的事，才能邁向更游刃有餘的生活。其中，「我能控制的事」是指自己的言行、待人的態度、時間的分配等具有選擇權的事；而「我無法控制的事」則是指天氣、他人的情感、長相、身高等用自身意志無法控制的東西。

再來看看小學生們的苦惱，大多數都是自己無法控制的事，例如「如果考試題目很難怎麼辦」、「郊遊那天下雨的話該怎麼辦」。為這類事情苦惱，不僅完全沒有價值，還很容易因為找不到答案，引發對自己的不滿。要想減少擔心，我們需要專注於自己有選擇權的事，例如該如何準備考試、該穿什麼鞋去郊遊才不怕下雨等等。若孩子原本就不擅長成長型思考，那麼可以利用T圖表，先區分可控制的事和不能控制的煩惱，再按照對自己的重要程度整理排列。這是很好的方法，只要反覆練習，就可以重新檢視自己能否控制的事情。

方法④｜積極利用熟悉帶來的舒適感

美國小學教室的黑板上不僅有當天的課程表，還貼有洗手的步驟、排隊規範、學校的週計劃等單純的生活例行公事。之所以不厭其煩教導孩子每天都會重複的生活常規，是因為「可預測的環境」對孩子在學校生活中能否表現正向有很大的作用。人對於熟悉的事物，不必花費太多力氣，就能夠很自然地接受，因此幫助所有孩子熟悉學校生活的規則，可以大幅減少孩子的不安。

除了日常例行公事之外，活動的環境也盡量布置成讓孩子感到舒適的空間。新學期一開始，孩子總是會感到壓力，因此學校會允許孩子帶著自己在家裡最喜歡的玩偶或物品，班上也會準備「我們班的吉祥物」，在這一整個學期陪伴孩子分享感受。如果有孩子對變化敏感、特別容易不安，安排座位時也會盡量讓他固定待在指定的位置。

家對孩子來說具有熟悉的環境、熟悉的關係，很容易讓孩子建立舒適感。到了學校，也可以讓孩子找個能夠依靠、信任的對象。在小學，導師負責大部分科目，可以說是孩子在學校裡最親近的大人。除此之外，父母可以和孩子聊聊，在學校除了班導師之外，還有誰是可以幫助自己的人。經常陪孩子一同回憶過去在教室以外的地方與其他老師交流的情況，或是和孩子一起閱讀老師推薦的書等等，都能累積孩子的內在親密感。像這樣，有「跟我是同一國」的人，可以大幅減少孩子的擔心，降低其對學校生活的焦慮感。

用繪本進行角色扮演的情感對話

用繪本進行情緒指導的功效

繪本包含了多種情感，因此一直以來被廣泛視為一種工具，可以培養情緒共鳴、帶來趣味，並間接鍛鍊解決問題的能力，同時幫助孩子加強閱讀理解。事實上，在美國的小學，每天上課都會使用繪本，可說是對繪本相當依賴。根據二〇一六年發表的一篇論文，除了閱讀繪本之外，還要與孩子一起進行情緒指導活動，這樣才能對孩子的情緒調節能力產生正面影響。

該研究將幼兒園年齡的孩子分為兩組，每週讀二次繪本，持續八週，然後只對其中一組進行後續的情緒指導。結果顯示，接受情緒指導的那一組，比起只單純看繪本的組別，控制情緒的調節能力相對較高。也就是說，孩子若與養育者一起閱讀繪本，伴隨相互交流，會比繪本內容本身具有更強大的影響力。尤其繪本的優點是不需要親身經歷，只要利用角色扮演代入故事中，就能間接體驗各種情緒和狀況，因此可以在低風險的環境中進行解決問題的訓練。

為什麼要選擇繪本？

使用繪本進行社會情緒學習的人，幾乎一致認為這種工具最有趣，也最容易產生共鳴、增進親密感。尤其是閱讀各種故事的過程，能幫助孩子站在旁觀者的立場，從他人的觀點看事情。對於自己親身經歷時無法輕易表達的想法或情感，從第三者的角度可以更尖銳地分析，因此可說是培養理性看待感情的機會。例如美國的知名繪本《鼻子裡的手指頭》（暫譯自 *The Finger and the Nose*）將手指和鼻孔擬人化，幽默解釋了兩者之間的關係，使用時既不會刺激孩子的情緒，又能夠矯正其行為。不僅如此，因為書裡呈現出比現實生活中更豐富的人物和環境，還可以培養孩子靈活理解他人與自己或許會有想法不同的時候。如果據此再進一步擴展到創意型的團體活動、角色扮演遊戲、寫作和討論，會是很有價值的學習，可說是一舉數得。

如何用繪本作情緒指導？

繪本的用途不僅僅是一起閱讀書中內容，還可以透過對話分享想法。但是大多數成年人對於朗讀書籍以及分享自己的想法感到尷尬，特別是和孩子共讀時，需要誇張的聲音、動作、表情，還要慎選符合孩子認知的詞語，因此會覺得有負擔。我也曾遇到父母詢問與孩子一同閱讀繪本時，應該如何問孩子問題、如何進行情緒指導等，以下整理一些心得，讓父母在家也可以方便運用。

方法① 聚焦於登場人物

剛開始利用繪本進行情緒指導時，最容易親近的素材就是登場人物，也就是繪本中的各種角色。繪本的結構主要分成描寫背景和角色的開場、交代事件發生經過的中段，以及最後獲得某種教誨或啟示的結尾。這種結構容易使孩子對主角產生共鳴，自然而然形成心靈的對話。這是窺探孩子情緒認知力的好機會，父母可根據事件發展，引導孩子推測書中各個角色的情感變化，想像如果和書中人物處於相同的情況會怎麼做。例如醜小鴨在變天鵝前遭到排擠，或灰姑娘被姊姊們欺負，看看孩子在這些狀況中會如何應對；或是像鄰居好朋友搬家、與寵物離別、新學期開學等故事，則可以預告孩子未來的日常可能會發生的變化，讓孩子有機會先準備。

「這些狀況每個人都可能會遇到。」藉由營造情緒的正當性，讓孩子了解同樣的狀況下，除了自己之外，別人也會有類似的感受。如果孩子很難對繪本內容產生共鳴，父母也可以利用自己的經驗和故事建立連結，例如告訴孩子：「媽媽也像書裡的主角一樣，為了挑選朋友喜歡的禮物而苦惱過。我們可以想一想朋友喜歡的顏色、經常使用的物品是什麼，這會很有幫助喔。你在挑朋友的生日禮物時，有什麼方法嗎？」像這樣一邊閱讀一邊對話，就像帶著孩子預習世界一樣。

方法②｜用圖畫玩遊戲

除了有魅力的主角和有趣的故事，繪本最吸引孩子的就是圖畫。從幼兒期到小學低年級為止，孩子看的書中，圖畫占了很大的比重。隨著孩子可以獨立閱讀長篇文章，孩子會開始選擇文字較多的書，藉由圖畫來討論對話的機會也會減少。不過書裡面的畫可以呈現無法用文字或言語取代的非語言表達，因此不論孩子年齡大小，都可以從中學習觀察情感。

藉由分析登場人物的表情或肢體動作會根據狀況如何變化，或者把字遮住，只憑圖畫來猜猜內容，都能夠幫助高年級以上的孩子轉換想法，這些方法甚至對大人也有用。特別是高年級孩子喜歡的圖像小說（graphic novel），不僅以圖畫為主，誇張的表情、動作也充分構成很好的對話素材。另外，也可以讓孩子試試維持登場人物的身體動作、表情，但改變對話框中的對白，挑戰改編成「我的版本」的故事，這種學習方法也相當有趣。

父母可以積極參與這些活動，我也建議家人一起觀看同一幅畫或同一部影片，再把各自的感受說出來，這種方式在美國的小學也很受歡迎。孩子聽取他人的想法，就會察覺到自己沒發現的非語言信號，領悟到即使看到同樣的表情，也會產生不同的感覺。

方法③｜打開想像的口袋

若要說繪本的最大魅力何在，或許是創造了發揮想像力的經驗。特別是將孩子耳熟能詳的童話故事，稍微變更背景、人物、問題、答案、教誨等各種細節，或是只改變故事結局的「模仿童話」，都是我經常使用的教學方法，不但能引起孩子的興趣，過程中也常常充滿歡笑。藉由根據不同「作家」的角度，顛覆原本的故事內容，帶給孩子凡事必須考量他人觀點的啟示。

例如《三隻小豬的真實故事》（暫譯自 *The True Story of the 3 Little Pigs*）這本書，就是以大野狼的角度來講述大家熟悉的《三隻小豬》。在經典故事中，豬總是膽小害怕的弱者，而大野狼則被描繪成不達目的絕不罷手的兇狠角色；但在這本書中則變得大異其趣。書中的大野狼為了生病的老野狼奶奶，跑去向鄰居小豬借糖，結果卻因為剛好打了個噴嚏，把小豬蓋的稻草房吹倒了，引起誤會。在這本書中的大野狼不是原本兇狠的樣子，反而給人一種搞笑、傻乎乎的印象。這部作品帶來的啟示，就是我們隨時都要考慮他人的立場。

利用這樣的方式，還可以改編韓國的古典故事，例如《沈清傳》[1]，「沈清跳入海中，立刻像奧運金牌泳將那樣游了起來」；或是《興夫傳》[2]，「如果興夫和孬夫兩兄弟的個性與原本故事寫的完全相反，結果會怎麼樣」。利用這些無厘頭的問題，讓孩子累積分析角色性格和狀況的經驗；而孩子為了創造新的故事，也會培養出一定基礎的閱讀、理解能力。活用繪本與孩子對話，可以為孩子的情緒認知、分析能力提供豐富又多彩的刺激。

繪本情緒指導要注意什麼？

雖然繪本是可以引導多種心靈對話的好工具，但進行情緒指導時，有些需要注意的地方。如果在閱讀中太執著要與孩子對話，刻意提出太多問題或不符合孩子理解程度的內容，反而會降低孩子的閱讀興趣。事實上，在任何對話中都要注意這個問題，不只是在情感方面的對話時。就像「過猶不及」所說的，任何活動必須要配合孩子可以承受的量和質，才是最有效的。另外，還要考量孩子的性格和成長狀態，因此剛開始時，建議

1 譯註：敘述孝女沈清與盲父相依為命，她為了幫助更多人，自願跳海成為海神的祭品，結果因為感動了天神而獲救，沈父的眼睛也重見光明。

2 譯註：故事中，興夫和孬夫是兄弟。貪婪的孬夫霸占了遺產後，把興夫趕出家門。後來興夫心地善良救活了一隻摔傷的小燕子。小燕子為了報恩，銜來葫蘆種子給興夫，結出的葫蘆裡有大量的金銀財寶。財迷心竅的孬夫得知後，故意折斷燕子的腿，再為牠醫治。沒想到孬夫不僅沒能得到金銀財寶，還落得傾家蕩產的下場。

先以孩子目前可以認知到的主要情緒為主，選擇一些講述喜悅、悲傷、生氣的繪本，再逐漸擴展到講嫉妒、羞愧、孤獨等更細微心理狀態的書籍。如果一次就介紹包含了太多情緒的書，也會過猶不及。最後，除了父母準備的書，也要尊重孩子，讓他們也能挑選自己想讀的書，這樣才能培養熱愛閱讀又懂得分享想法的孩子。

第 4 章

培養懂得與人
好好相處的孩子

改變孩子人生的人際力

社交痛楚不只是一種心理感覺

我在自己撫育孩子之前，自認為是個很能理解父母立場的老師。一般來說，通常是孩子在學校的表現出了問題，老師才會和家長面對面溝通。但我為了跳脫這種固定模式，每週都會在聯絡簿上詳細寫下各科進度，以及希望家長在家和孩子一起做的活動。但是直到我自己成為家長，才重新領悟，比起孩子在學校有沒有專心上課、好好學習，更重要的應該是在父母看不到的時間裡，孩子有沒有可以交心的朋友。特別是我的孩子哭鬧著不想上學時，我真切地感受到對這一點的擔憂。直到後來好說歹說送孩子進了教室，聽到老師說他馬上和最好的朋友開心說笑，我的焦慮才瞬間消失。

對於孩子的學校生活，會先觀察交友狀況的不只是父母。在我任教過的資優小學裡，每學期都實施全方位調查，全面檢視孩子在情緒上的安定感，以掌握學校生活的滿意度。針對「我最喜歡的科目」和「每星期最期待的時間」等提問，孩子的回答通常都是「休息時間」（recess），從這一點就可以推測出與同齡朋友交流對孩子情緒的影響力。實際上，在學生和家長吐露的校園生活煩惱之中，大多伴隨著來自同儕關係的情緒壓力。一旦想要得到社會認可和同儕關係的欲望沒有獲得滿足時，便會產生社交痛楚（social pain），引發憤怒和憂鬱，因此必須及早培養孩子健康地管理、消除這些壓力的能力。

通常，我們對受傷的情緒會用「心碎般的痛」或「撕心裂肺」來表示痛苦程度。有趣的是，當我們感受到社交痛楚時，也會刺激大腦產生疼痛的感受。也就是說，孩子在人際關係中感受到情緒上的傷害，和身體受傷是一樣的。那麼孩子又是在什麼時候，才會真正感受到情緒性的壓力呢？

根據研究，孩童平均約在五歲時，也就是幼兒園入學前後陸續會暴露在社交痛楚之中。因為開始接觸團體生活，原本侷限於父母、兄弟姊妹的人際關係急劇擴張，需要發揮人際力的情況也自然而然增加。這個時候，若用上一代的說法，認為「大家都是邊吵架邊長大的」、「朋友嘛，難免會那樣」，一心只想淡化問題，在現代反而會成為社交發展的絆腳石。不過，所幸有越來越多現代父母，在子女上學前就開始關注孩子與同儕的關係，理解擁有圓滿的社交生活直接關係到孩子情緒健康。

善於社交，是什麼意思？

我們看到人際關係廣闊、個性活潑不怕生的人，常會說他「善於社交」，在韓國很流行的MBTI十六型人格測驗中，就屬於象徵外向性格的「E」型人。不過，這樣的說法似乎有些誤導，因為嚴格來說，善於社交與外向性格是不同的概念，就像有的人雖然朋友不多，但個個都是交情深厚的知心好友，而有的人則是廣結善緣。這兩者並無法評判哪一種比較好，喜歡與人交流只能說是個人傾向，很難作為善於社交的指標。既然如此，善於社交到底是什麼意思呢？

對此，學界也眾說紛紜，但有一些共同的關鍵詞，像「關係的形成和維持」、「靈活性」和「尊重」。換句話說，善於社交是指可以舒適自在地接受新朋友的能力。除此之外，為了維持各種形式的關係，需要具備靈活性；同時身為社會的一員，也要具備尊重他人的心態。當然，孩子的性格越是能夠迅速適應新環境、喜歡與陌生人交流，累積社交經驗的機會就越多，自然可以表現得比較熟練。不過，人際力是會跟著人成長的，因此性格較敏感、不喜歡太多變動和刺激的孩子，也可以透過適當的指導、豐富的練習，成長為具備良好人際力的人。

資優生也需要社交教育

一般人對資優學校的各種偏見中，也有對於資優生同儕關係的誤解。最典型的就是認為那些聰明的孩子智力發展都比年齡快，而且同樣聰穎的孩子之間，交流一定也是高層次的；當然，也會出現相互鬥智的情況。然而，孩子們並非所有交流都呈現這種形態，主要原因在於學業成就高的孩子，並不一定具備了相應的人際力。因此，與一般的猜測不同，資優學校中也有許多孩子在人際力和情緒發展方面需要特殊教育（special education）協助。一般認為接受特殊教育的孩子，在學業和生活態度方面也需要進一步指導，但實際上美國小學對於特殊教育對象的標準有所不同，特別是貫徹「有教無類法案」（No Child Left Behind）精神的教育政策，使人際力發展成了學校應該教導的領域，並將社會情緒力視為國家的責任。其提倡者相信，除了身體、精神或語言上的不足之外，人際力發展不足也必須由國家體系負責支援，才能守護孩子接受教育的權利。

社交教育需要綜合多種力量，因此美國針對不同需求的孩子，分別制定了504教育計劃（504 education plan）和個別化教育計劃（individual education plan）。曾是一年級同班同學的露西、羅倫和傑克，雖然都因不擅長交流而被選為特殊教育的對象，但各自的需求不一樣。

露西對每件事都開朗積極，但缺乏察言觀色的能力，在朋友們不開心的時候，她卻只顧著說自己認為重要的事，因此經常被認為不懂得關懷別人。羅倫溫厚、靈活，深受朋友喜愛，但他的苦惱在於太關注又太想滿足他人，常常放棄自己的需求。傑克則善於建立一對一的關係，但很難參與團體合作，常常被看作是不合群的人。

我們可以發現，人際力的指導對象不只限於內向、害羞或經常和朋友吵架的孩子，還有許多是與他人交流困難的孩子。或許在成年人為主的社會中，還可以照顧身邊人際力比較不足的人，但是在小學，大家都還在學習，這種人際力不足的狀況便會原原本本地暴露出來，因此父母有必要掌握孩子需要的人際力，再加以指導。以下就來看看該怎麼做吧。

培養同理心是一切的開始

「設身處地為別人著想，用他們的視角看待世界，這才是和平的開始。因為同理心具有改變世界的力量。」美國前總統歐巴馬經常在演說或談話中提及同理心的重要。他特別強調透過「設身處地」（be in someone else's shoes）為他人著想，即使是政治、宗教、文化差異等看似很困難的問題，只要努力互相理解，就可以克服。

歐巴馬強調具備同理心的能力，這也是美國教育界嚮往的社交教育最核心的價值。實際上，很多教育專家表示，學校暴力泛濫的原因與社會缺乏同理心有很大關係。不在乎給他人帶來生活上的不便，也不管會不會對別人造成傷害，這樣的心態正是隨心所欲對待他人的根本原因。因此，從小學習認同、尊重與自己不同的人，非常重要。越理解對方，就越不會把對方當作與自己截然不同的「外團體」（out-group），而是能產生共鳴和一體性的「內團體」（in-group），因而矛盾也會減少。即使對方做了什麼讓人看了皺眉的事，也會先好奇他做出這種行為的原因，而了解之後，原本不舒服的情緒可能會轉變成惋惜。如果同理心的範圍擴大，與他人溝通就更有彈性，從人際關係中得到的滿足感也會提高，壓力則相對減少。這不僅對孩子和朋友、手足、父母的關係有益，也是孩子正面看待生活中所有關係的原動力。

同理VS同情

對某人產生同理心，與單純贊同對方或同情他人是有區別的。因為同情只是針對他人的心情或情緒，而同理心則是更進一步，完全理解和包容。雖然差異並不明顯，但在關係形成中卻扮演非常核心的作用。以下就透過專門研究職場人際關係、自我成長的潛能計劃公司（potential project）推出的圖表來說明。

該圖表將橫軸標記為理解他人經驗的程度，縱軸則是給予幫助的意向，另將遺憾（pity）、同情（sympathy）和同理（empathy）等具有細微差異的相似詞在視覺上數值化呈現。

圖表顯示，當我們看到他人處境，感到「真是太可憐了」的時候，在「理解他人的

同理：從遺憾到關懷

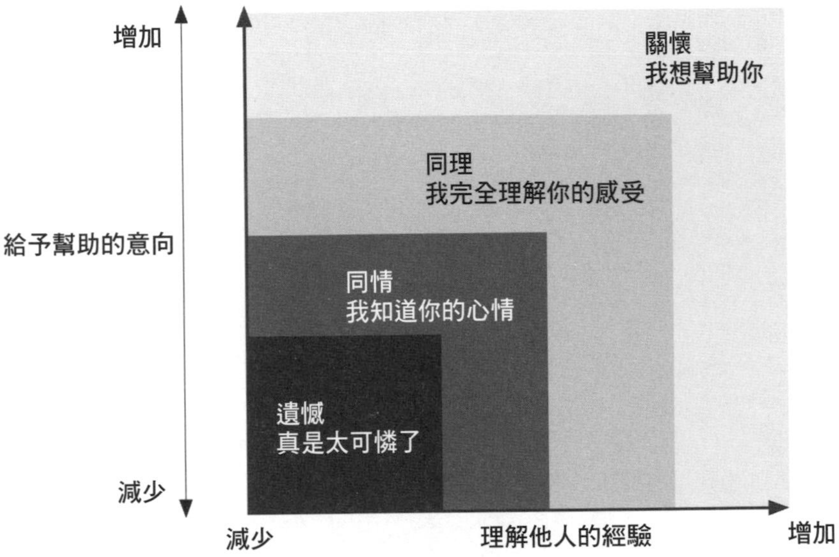
增加
給予幫助的意向
減少
關懷
我想幫助你
同理
我完全理解你的感受
同情
我知道你的心情
遺憾
真是太可憐了
減少
理解他人的經驗
增加

經驗」和「給予幫助的意向」兩方面的範圍都不大；相較之下，「同理」的區塊則大多了，顯示其包含了深刻的理解以及想幫助對方的心。

方法① 避免勉強認同

缺乏理解，再親密的關係也會導致問題。仔細觀察父母和子女之間的矛盾，就會發現原因往往是不知道如何正確表達。

特別是身為父母的這一代，在成長經驗中缺少表露心聲並得到理解的經驗，因此等到自己有了孩子之後，很多都以「勉強認同」來對應孩子的苦惱。就像對投資股票失利的朋友說「至少你賠的沒有我多啊」一樣，當孩子因個頭矮而煩惱時，對他說「你這樣不算矮啊，沒關係啦」，這正是草率表達同理心的典型反應。這種說話方式也許能暫時緩和當下的氣氛，但並未完全理解對方的想法和感受，因此也沒有展現出同理心。

除此之外，親子之間也常會有另一種對話模式，「想我當年……」、「這個我有經驗……」，這種戴著「同理心」面具的嘮叨，也要盡量避免。事實上，情況很少會因為父母的一句話就好轉，與其勉強向孩子表達同理心，不如說：「我很難想像那會是什麼感覺，但謝謝你願意告訴媽媽。」或是說：「怎麼會發生這種事，你一定很難過吧。那麼接下來你想怎麼做，可以告訴我嗎？」像這樣傾聽孩子的想法、觀察孩子的情緒才是明智之舉。把焦點放在對方而不是自己身上才是真正的同理，也是維持溝通大門敞開的方法。

方法② 不要勉強道歉

這一代的父母在過去的成長過程中，被教育成認為「產生不舒服的情緒一律都是不好的」，變得習慣忽略那些後設情緒。因此，當父母介入孩子的社交生活時，就要留意是不是浮現了自己的後設情緒。例如，孩子不想把自己最喜歡的玩具給其他小朋友玩而哭鬧時，父母卻說「好孩子應該要和朋友分享」，要孩子把玩具拿出來；或者，孩子和其他小朋友追逐嬉鬧，別人家的孩子不小心跌倒受傷，父母第一個反應就是催促自己的孩子道歉。這些都是父母為了快速解決問題而做的選擇，卻沒有先理解孩子的感受。

對自己做錯的行為負責很重要，但光是一句「對不起」並不代表認同對方。特別是三歲以前的孩子，還未具備理解他人立場的能力，如果父母勉強孩子去認同其他小朋友的心情，可能會引起反效果，所以要特別注意。

若以同理心為名，卻只強調讓步、道歉，反而會曲解了道歉的意義。凡事都「先道歉再說」這種毫無誠意的想法，是錯誤的同理心表現，十之八九的孩子會心不甘、情不願，故意大喊「對不起」。因此，當孩子與朋友發生爭執時，與其盲目地叫孩子道歉，不如由父母出面將對方小朋友的身體動作或表情描述給孩子聽，再順勢連接到情緒感受，藉此引導孩子觀察他人狀態，提高從外到內的「真正」同理心。

方法③｜情況不同，同理心也不同

為了給同齡孩子們創造互相同理的機會，首先要確認情況是否為「孩子能夠同理的情況」。孩子和同學在遊樂場玩，其中一個同學突然哭了起來，原因可能很多，根據不同的因素，孩子的反應也會不一樣。若是同學自己踩空滑倒，孩子可能會跑去安慰他；但如果是因為兩人吵架而氣哭的，孩子的反應就大不相同了。或許在大人看來應該道歉，但站在孩子的立場卻沒那麼簡單，比起自己犯的錯誤，孩子可能先感受到這樣的心情：「是他先搶走我的寶可夢卡牌」、「我又沒有用力推他，他好像是故意哭那麼大聲的」。若是這種情況，孩子當然很難對朋友的眼淚產生同理心。

根據情況的不同，手足之間同理能力的差距也很容易看到。例如哥哥原本和弟弟相處得很好，某天卻突然變得不理不睬，就很容易讓人誤以為哥哥善變。這時父母應該先了解當天哥哥的心情和具體情況，找出是什麼原因讓他對弟弟的態度轉變，好好地理解孩子。當手足之間發生矛盾時，最重要的是先讓孩子們擁有各自回顧情緒感受的時間。如果省略了這一階段，加上當哥哥、姊姊的都免不了要背負愛護弟弟、妹妹的責任，那麼孩子就很容易產生「我好像成了壞人」的罪惡感。

同理心的兩個面向

雙胞胎艾蜜莉和安琪拉是性格截然不同的姊妹。艾蜜莉性格較冷靜，幾乎是喜怒不形於色；而安琪拉卻是班上笑聲最大、反應最豐富的孩子。有一天，兩人的母親聊到家裡的寵物狗離開人間，去天上當小天使了，兩姊妹的反應完全不同。安琪拉哭了兩天，而艾蜜莉則是默默拿了狗狗最愛的小被子到牠長眠的蘋果樹下蓋著。由這個事例可知，兩個孩子在情緒認知和表達方式上的差異，與腦科學中關於同理心的兩個面向很相似。

同理心是理解他人情感的能力，大致可以分為「情感」和「認知」兩種面向。情感上的同理能力就像安琪拉一樣，原原本本地感受到別人的情緒。當我們看到電視劇中的主角哭時，也會一起流淚；看到主角克服逆境達成目標，則會一同高興，這就是情感上的同理。與此相對的是認知同理能力，也就是站在別人的立場思考。認知同理能力較強的艾蜜莉從狗狗的立場思考，選擇將狗狗最愛的小被子拿來陪伴牠。

科學家兼哲學家張大益（音譯）是《共鳴的半徑》（暫譯）的作者，他將情感上的同理心稱為「溫暖情感的力量」，把認知上的同理心稱為「溫暖思考的力量」，兩者缺一不可，否則很難真心認同對方，幫助對方解決問題。這就是強調情緒與認知的同理心必須均衡的重要性。著名的《EQ》一書作者丹尼爾・高曼也持同樣意見。他表示，認知同理能力是發揮領導作用的人所必備的力量，但如果對他人沒有真心感到關懷，那麼只會成為「優秀的顧問」。相反地，如果過於深陷他人的情感內，則會造成心理能量的內耗，容易感到倦怠，因而很難採取實質對策。也就是說，我們也必須幫孩子檢視同理心是否特別偏向哪一邊，並幫助孩子均衡發展。

新生兒到週歲的同理心

剛出生的新生兒，在嬰兒室裡聽到其他嬰兒的哭聲，通常會像感受到壓力一樣，一起放聲大哭。人類從出生開始就具有參透他人情緒的能力，也就是基本的情感同理能力。而認知同理能力則需要從嬰兒期到成人時來長期發展建立。因為透過與不同的人交流，學習社會規範，能夠理解和同感的領域也會擴大。為了幼年時期子女的同理能力，父母最需要注意的就是培養孩子珍惜自己的心。為了真心對待他人，必須以「你和我是同樣珍貴的存在」這樣的意識為基礎，因此必須先具備懂得愛自己的力量。

《從困惑中學習》（暫譯自 *When You Wonder, You're Learning*）一書的作者萊恩・雷傑夫斯基（Ryan Rydzewski）和格雷格・貝爾（Gregg Behr）曾說：「孩子能成為分享愛和關懷的人，源自於知道自己是值得被愛和被關懷的人。」這也可以套用在同理心上。因為父母包容孩子的環境，會讓孩子成為懂得與他人分享同樣價值的人。

孩子出生後，最快從六個月開始，就會觀察父母的行為和話語，也就是社會參照（social referencing）。在面對陌生人時，會注意父母的手勢和表情、聲音，來判斷陌生人是否安全；在特定情況下，還會模仿父母做過的行為。這段社會參照的萌芽時期，也是可以藉由模仿，在生活中自然地與他人建立關係的最佳時機。

當別人給予親切關懷的時候，比起只是在心裡默默意識到，不如大聲表達「謝謝」。例如在餐廳，對服務生也要表現尊重，這是很重要的。這些看似瑣碎的小事集合在一起，會累積成為孩子珍惜他人心靈的力量。當然，在這當中最重要的是父母和孩子交流時，要對孩子有同理心。例如孩子在路邊看到狗而害怕時，不要對孩子說：「哎喲！你怎麼跟膽小鬼一樣？狗一點都不可怕啊。」而是可以說：「原來你怕狗啊。狗雖然看起來很溫順，但如果大聲吠叫，的確會讓人感到害怕。牽著媽媽的手，媽媽給你勇氣。」也就是原原本本地接受孩子的感受。當孩子經歷過「他人理解自己而心中感到溫暖」的過程，以後在與他人交流時，自然也會使用這樣的表達方式。

一項研究表示，十三個月左右的孩子，會像父母對待自己的方式一樣，面對傷心難過的人給予擁抱或安慰。也就是說，父母撫慰孩子情緒的動作，會幫助孩子在日後培養出懂得安撫他人痛苦的能力。

十八個月到四歲的同理心

孩子滿十八到二十四個月的時候，會遇到對同理心發展非常重要的時刻。因為從這個時期開始，孩子會把自己視為獨立的個體，和他人分離。因此，兩歲左右的孩子探索自己的方式，或想要自己完成某件事的欲望也會很強烈。就像每天晚上要用自己的方法把玩偶排成一排才過癮一樣，在小事上頭堅持己見，有時讓人看了覺得一頭霧水。如果孩子的行為會造成安全疑慮或給他人帶來不便，父母就應該積極介入；但如果不是那樣，就該尊重孩子，這對同理心的發展會有莫大的幫助。這是因為父母靈活接受孩子想法的態度，也是向孩子傳達「世界上存在著擁有不同觀點和做事方法的人」。這些理解他人、懂得尊重他人的基礎，必然會在孩子身上一點一滴累積。

大部分孩子在三到四歲時，都會發揮感知他人情緒的能力，對交友關係表現出更積極的態度。因此，在這個時期，到遊樂場這類容易與同齡孩子見面的地方，創造更多社交機會，就變得非常重要。特別是這個年齡層的特徵是與人的關係會變得更密切，開始以交談、建立規則等形式密切互動，而不像過去只會跟朋友玩類似的遊戲。如果父母適當了解孩子的遊戲，不僅可以放大遊戲的樂趣，還能夠滿足孩子想透過遊戲感受學習新事物的樂趣、溝通的欲望。

例如，孩子和朋友玩學貓叫的遊戲玩得很開心。晚上在家時，父母可以講解一下貓快速移動、用前腳擊掌、會發出呼嚕聲等習性，將原本只玩過一次就結束的遊戲時間轉換為長期關係。孩子學習了關於貓的新知識之後，自然會融入遊戲中向朋友說明，創造更多的溝通。孩子與喜歡的人一起做快樂的事，會感到喜悅，並由此累積出「同理是幸福」的溫暖記憶。

滿四歲以上的同理心

四歲以上的孩子，對於認知他人的痛苦、同理那種心情的能力會明顯提高，我推薦可以運用「製作急救箱」（wecare）的活動來培養共同體意識。「製作急救箱」就是準備好一個箱子，用來在身體和心情受傷時作緊急處理。在美國的資優小學每學年都會進行這個活動，讓班上同學一起討論在空的急救箱內要放入什麼東西。例如，問問大家：「有同學摔倒了，好像很痛，這時有什麼方法可以安撫同學？」像這樣利用對他人的情緒產生同理感受的狀況，讓孩子明白身為共同體的一員，應該互相照顧。這方法在家中也適用，父母可以帶著孩子設想「若遇到傷心難過的事，家人可以為彼此做什麼」，或是製作「抒壓炸雞基金存錢筒」，在有人需要轉換心情時拿來使用。如此一來，就能減少家中的情緒距離感，營造出照顧彼此心情的愉快氛圍。

更進一步來說，父母可以從小學低年級開始，向孩子們介紹社會上的弱勢族群，擴大孩子產生同理心的對象。實際上在美國的小學，常會深度討論公平、道德以及奉獻的必要性，讓孩子了解世界上有人與自己處境相似，但也有很多人即使沒什麼交集，仍然可以讓我們發揮同理心，藉此增加孩子對不同族群的理解能力。

在美國，普遍認為必須透過教育讓孩子知道社會醜惡的一面，像是災害、戰亂等真實世界的狀況。因此，不管是新冠疫情期間的遊民問題，或是種族歧視等沉重、嚴肅的主題，都會進行討論。當然，這些社會問題不是立刻就能解決的，但可以幫助孩子正確認識社會的各種面貌，提供他們理解各方立場的機會，並認識到同理心是解決問題的基礎。

因此，父母在家中不必刻意隱瞞沉重的問題，而是應該以孩子能理解的方式告訴他們必要的訊息，並聽聽孩子的想法。例如公寓上下層住戶的噪音問題，或是部分餐廳可能會禁止十二歲以下兒童進入用餐等。透過與孩子生活直接相關的話題，傾聽孩子的想法、進行討論，對於培養孩子的同理能力非常有用。

帶出有禮又規矩的孩子

在社會生活中，難免都有一些習慣不一定非要遵守不可，但大部分人卻都會默認。英文稱之為 etiquette 或 manner，中文則是常規或禮儀。由於沒有法律強制力，所以重要性也經常被忽視；但實際上，禮儀是透過設定人與人之間的適當距離而定義，可說是保護所有人的寶貴機制。

有時我們會聽到這樣的說法：「小孩子懂什麼呀？孩子本來就是要這樣順其自然長大的啊。」許多父母對於孩子不遵守禮儀、常規會覺得無傷大雅，在這種意識的背後，懷著「培養自由、自主、高自尊孩子」的育兒信念。但是，要培養自尊、自重的孩子，並不是讓他們無視社會規範、想做什麼就做什麼，父母必須幫助孩子正確認識在社會上與他人相互尊重的底線。現在韓國有許多餐廳或展覽空間無條件禁止兒童入內用餐或參觀，成為「兒童禁入區」（no kids zone），這種做法可能需要改變，因為孩子必須學習在社會生活中應有的禮儀，並有機會體驗「有些規範無法順應個人而改變」的事實。

孩子要學習正確的禮儀，一般都以父母為模板，再運用到實際生活中。現代社會由於家庭成員減少，溝通範圍也縮小了，再加上「兒童禁入區」增加，因此可以學習社交的環境逐漸消失。

方法① 讓孩子明白為什麼要有禮貌

那麼，應該用什麼方法教導孩子遵守禮儀？孩子比大人想像得要聰明許多，懂得察言觀色，很多時候會意識到不遵守禮儀不會怎麼樣。例如，吃東西的時候發出聲音並不像偷東西或說謊那麼嚴重，相對不用付太大的責任。儘管如此，還是會有父母罵：「吵死了，吃東西的時候不能安靜點嗎？」若用這樣高壓的方式控制行為，只會增加孩子的反感。相反地，如果從家庭出發，一步一步解釋為什麼我們的社會存在禮儀，以及它如何隨著歷史、環境的變化而改變，將會是讓孩子自然了解禮儀價值的機會。

韓國自朝鮮時代以來，就認為讓他人看到自己嘴裡的食物是不禮貌的行為。若這樣向孩子說明，那麼即使父母沒有指示「吃東西嘴巴不要打開」，孩子也會自我檢視用餐禮儀。尤其是在電影院保持安靜、在捷運上講電話不要太大聲等禮儀，都是基於對他人尊重的考量。背離這些社會規範的言行可能會無意中傷害他人，因此有必要對此進行教育。父母也可以進一步探討，萬一人們因為不是法律，就不再這樣顧及他人時會發生什麼事，藉此幫助孩子理解以尊重為基礎的禮儀有其必要。

方法② 區分什麼可以說，什麼不該說

有時孩子過分率直地表達會讓人驚慌失措，例如，孩子看到朋友的便當盒裡出現沒看過的配菜，就問對方：「那是什麼啊？長得好奇怪喔。」或是詢問行動不方便的人為什麼會這樣，都讓父母不知所措，也不知道如何向孩子解釋。孩子吐出這些話語，說得好聽點是童言無忌，但平心而論，其實是缺乏社會化所造成的。

我在當小學低年級導師的時候，有時要向孩子解釋，當有人放屁時，為什麼不能當場指責對方放屁很臭。由於孩子還不會區分可以說的話和不該說的話，因此父母與其生氣或責備，不如先了解原因，再給予適當的幫助。

直言不諱的典型原因之一，就是沒有意識到語言所具有的力量。因為孩子們的同理

能力還不成熟，所以很多時候無法預測自己的話會對別人造成什麼影響。俗話說：「一言既出，駟馬難追。」美國也有句諺語：「如果你沒有好話要說，就什麼也不要說。」（If you don't have anything nice to say, then don't say anything.）

美國小學常用名為「皺皺的心」（crinkle heart）的活動來教育孩子，這是一個非常簡單的視覺遊戲，可以幫助孩子思考語言的力量。首先，讓孩子把紙弄皺，再摺成一顆心，而這顆心就代表了情感；接著，再要求孩子把皺皺的心展開、攤平。這個活動可以讓孩子了解傷害他人的情感後，可能無法再回到原來的樣子，讓孩子有機會檢視自己的言行。

方法③｜好好回應孩子的好奇心

孩子直言不諱的說話風格並不是不關心對方的感受，而是出於純粹的好奇心，不過有時真會讓人不知該如何解釋。例如，看到長輩問他們為什麼那麼老；或問體型豐腴的人為什麼那麼胖；在多種族融合的美國，甚至可能問起別人的膚色。遇到這種情況，孩子最需要的是理解「社會過濾」（social filter）的概念，也就是根據對話的主題，適合對話的空間、對象或環境也會有所不同。

對於孩子來說，種族或肢體障礙等差異看得見，他們會感興趣也是理所當然，因此父母不應該消極反應或保持沉默，而是最好根據事實資訊回答，例如可以告訴孩子：「我們的皮膚有一種黑色素，根據含量的多寡，我們的膚色也會不一樣。」如果孩子仍然很好奇，可以教導孩子要考慮他人感受，說：「如果你還想知道更多，我們可以一起了解，不過現在在這裡繼續說下去，可能會讓別人感到不舒服。就像如果有人遠遠看著你，還指指點點的，你應該也會感到不高興吧？」

另外，像吸菸或宗教等個人選擇的提問，可以向孩子說明或許是家庭的傳統或信念，讓孩子知道世界上存在許多不同的觀點、看法，而我們每個人在生活中都有選擇的權利，沒有義務向他人說明自己選擇的理由，這可以幫助孩子判斷哪些問題可以問、哪些問題不該問。

培養遵守社會界限的孩子

「社交距離」這個詞乍聽之下，似乎與我們強調要培養人際力的目的相反。但是，就像在新冠疫情期間保持適當的社交距離可以保障社會安全，我們生活中與他人的關係，也需要遵守彼此身體和心靈上的適當距離。這就像小時候在班上，最喜歡在兩人共用的桌子上畫線，以守護自己所有的物品；或是週末收到老闆傳來的工作訊息時，心裡也會覺得很不滿，這些都是因為我們本能上想要擁有自己的空間。

但遺憾的是，越親密的關係，往往越線的情況就越多。這是因為關係越熟悉，人們就越傾向於認為「你一定和我有同樣的感覺」。在美國小學，將社會界限（social boundary）比喻為柵欄或上下樓之間的層板來向孩子們說明，並強調必須維持它們的存在。就像與隔壁鄰居交情很好，也需要有牆壁來確保彼此擁有舒適的休息場所一樣，越親近的人就越需要互相尊重和體貼。

方法① 帶著孩子感受身體距離

保持身體距離的教育，在小學低年級課堂上是一項非常重要的任務。特別是在強調個人空間重要性的美國文化中，保持可以伸出一隻手臂距離的空間（約四十五到六十公分），被視為一種基本社會規範，因此缺乏這種意識的孩子，很可能會被朋友、老師特別關注。若孩子不懂如何拿捏距離，總是與朋友太過靠近，想要幫助他認識距離感，最有效的方法是讓他體驗，親自經歷因為太親近而帶來不舒服的感覺。例如和孩子說話時，故意侵入他的私人空間，貼近他的耳邊說話；或是把身體緊貼在沙發上的孩子，讓孩子處於「受害者的位置」。如此一來，可以幫助孩子體會即使像家人這麼親密的關係，個人空間也必不可少，同時也提醒他，保持身體距離並不代表不重視對方。若孩子難以保持適當的身體距離，常常會一興奮就不顧一切靠近朋友，結果往往會被拒絕，導致誤會對方不喜歡自己。一旦孩子能了解尊重個人空間和尊重友誼是兩件事，受傷的機會就會大大降低。

另外，我也推薦使用美國幼兒園常用的「隱形泡泡」（invisible bubble）比喻法，將私人空間描繪成肥皂泡泡。當孩子與他人保持適當的距離時，就用每個人的泡泡自由飄浮來比喻；反之，當距離縮小到讓對方不舒服時，就會用泡泡「啪」的一聲破裂來比喻。如果在這些說明中再加入有趣的音效和肢體動作，就會成為一個遊戲。在家中，父母可以透過播放音樂、跳舞來估量合適的距離，像「大風吹」一樣，當音樂停止時，每個人都必須停在合適的距離，若孩子靠得太近，就發出俏皮的「啪」信號，這樣就能創造有趣的練習時間。

除此之外，使用家中的物品或身體的一部分來建立基準點，也可以幫助孩子識別合適的距離。例如與朋友聊天時，保持從指尖到手肘的距離，有助於觀察對方的表情；或是在操場上打球時，保持大約像家中冰箱到餐桌之間的距離比較安全。像這樣使用看得見的物品來舉例，原因在於距離、重量等社會規定的數值，對還不熟悉度量單位的孩子來說感覺很模糊；相較之下，用孩子熟悉的物品或身體進行比較，就會更容易理解。

還有一點需要教導孩子，這些標準只是代表平均值，並非絕對的。要向孩子解釋每個人的舒適距離可能不同，鼓勵孩子透過詢問「你需要多少空間」來設定適當的距離。除了這個方法之外，也試著請孩子觀察對身體接觸的感受，例如與好朋友擊掌時、跟新認識的朋友搭肩時，或是當父母輕撫自己的背時，這也能給孩子學習尊重自己的機會。若能正確理解、重視自身界限，就更容易接受「別人的界限也應該受到尊重」這件事情。

方法② 示範如何保持情感距離

比起意識到身體界限、保持適當距離，保持情感距離也許更為困難。有時候，非常重感情、喜歡照顧別人情緒的人，會擔心自己的情緒圍欄可能會傷害對方。然而，承認你和對方之間的距離，才是真誠發展關係的捷徑。這是因為只有彼此之間保持尊重，才能有真正健康的關係。沒有人希望在無意間造成他人的不適，尤其是自己重視的人。因此，先聲明並維護自己的界限，不僅對自己，對他人也是值得鼓勵的。特別是無論再親密的關係，每個人的情感價值都不同，所以必須清楚地傳達自己的標準。例如，一個重視房間整潔的人，看到來訪的朋友外套也沒脫就直接坐在自己的床上時，會認為自己的領域受到侵犯，但同樣的狀況，對房間整潔沒那麼要求的人就覺得沒什麼問題。若是沒有誠實地表達這些差異，關係就很難發展、改善。

年幼的孩子尤其需要特別關注，因為如果他們和朋友之間的情感距離變得太近，可能會過度沉迷或依賴這種關係。在嚴重的情況下，孩子即使花了很多時間和朋友在一起，還是會把焦點放在分開的時間；也就是說，孩子感受到分開的不悅，比在一起時的快樂還多，這會使得健康發展的關係很難長期持續。因此，有必要教導孩子，每個人都要好好履行自己的職責，有時在一起活動，有時也會分開。父母若能尊重孩子的界限，就隱含了即使關係親密也需要適當的空間，而這正是保持情感距離的最好示範。

平時與孩子對話時，不要隨隨便便就開始談話，而是先詢問：「我們現在可以聊聊嗎？」這種尋求許可的態度，也適用於想以身體動作表達情感的時候，例如擁抱、親吻或牽手。透過父母以身作則的尊重，孩子就能了解，擁有牢固的關係並不代表一切都必須在一起或互相遷就。一旦孩子能意識到「愛我的人尊重我感到舒服所需要的界限」，就可以成為他判斷未來所有關係的參考點。孩子若能在認可情感距離的環境中長大，即使將來遇到不尊重自己的朋友，也能理解這不是理想的關係型態。如果父母發現，孩子和朋友玩到一半時，突然變得不安或顯得悶悶不樂，比起拿零食或新玩具轉換氣氛，不如用問題來讓孩子練習思考自己的界限，例如問孩子：「現在看起來好像有點累，先休息一下吧？」或是問：「你不喜歡別人碰你的玩具，那下次再發生這種事時該怎麼辦？」有了父母的協助，孩子才能累積自信，尋找解決方法，並培養表達意志的能力。要記住，如果每次都是父母代替孩子進行防禦、解決問題，那麼孩子在情感上的獨立空間就會越來越小。

如何在「即時」的世界中發揮耐心

即時回應造就了沒耐心的世代

我們生活在這樣的世界，晚上睡前躺在床上用手機下單，第二天凌晨還在睡夢中，前一晚訂的東西已經送到家門口了；現在也不像以前，需要守在電視機前，以虔誠的心情等待，時間一到才可以收看最喜歡的卡通。現代人已經習慣按照自己的時間表做事，同時非常習慣於立即獲得快樂。但問題是，這種便利性並非總是能產生正面的效果。

如今，平板電腦的關鍵字搜尋功能取代了課堂上厚厚的書本和筆記本，優點是提高了學習效率，但從試圖理解知識如何相互連結的角度來看，也可能是有害的。因此，我們需要思考如何好好運用變化後的教育環境。

美國麻州大學針對近六百七十萬人進行了一項問卷調查，結果顯示，如今美國人觀看影片的平均載入時間只有二秒，因為許多人都已經習慣了即時的回應，所以如果要等超過三秒，那他們寧願選擇其他不同的影片。而韓國比美國擁有更快的網路速度，因此家長現在對孩子因習慣快速而失去耐心越來越擔憂。

事實上，對於當今人們使用媒體的情形和影響，仍有大量的研究進行中。現代年輕人很早接觸快速又多樣化的內容，部分研究發現，從小觀看的影片若充滿華而不實的元素，會加深注意力缺失的障礙。不過，研究美國媒體和文化影響的大衛．華許（David Walsh）博士，提出了略有不同又非常有趣的見解。他表示，現代孩童的問題並非「ADD」（attention deficit disorder，即注意力缺失症），而是接近「DDD」（discipline deficit disorder）。在這裡「discipline」不是「紀律」，比較偏向孩子們的「自律」，即自我鍛鍊和自制力。換句話說，追求更簡單、更快、更刺激的文化，奪走了孩子們學習忍耐和節制的機會。為了讓孩子均衡地使用科技發展帶來的「效率」，首先最重要的是要取得「耐心」這把鑰匙。

缺乏耐心不僅影響學習，在人際關係上也會引發問題。「老師，是這樣的，今天早上……」，在教室裡，每年都會有一、兩個忍不住習慣插話的孩子，會在其他同學發言的時候插嘴，或是在老師轉達大家期待的校外教學訊息時打斷，因此常常遭人白眼。孩子偶爾在對方還沒說完之前就說出自己的想法，或許是失誤，但如果常常發生，就會被貼上不體貼、被寵壞的標籤，這會對孩子與他人的關係產生負面影響。當然，隨著社交互動增多，輪流交談的能力自然會提高，但如果孩子五歲以後與他人輪流說話還是有困難，就需要特別努力培養耐心。輪流對話也是延遲自己的欲望、尊重對方，所以需要教導孩子培養耐心的方法。

方法①｜困難的事和有趣的事一起做

看到孩子坐不住，父母就會擔心，馬上就要升上小學高年級了，卻還是那麼沒耐心，別說想達到自己的目標，就連在課堂上能否集中注意力都不知道。於是，不少家長尋找新的練習本或線上課程，目的是幫助孩子提高專注力，並要求他們「從今天開始，每天堅持三十分鐘寫習題」。然而，如果站在孩子的角度思考一下，就會發現這種方法是多麼沒有效率。如果有人要你養成每天運動的習慣，並要求你從明天開始，每天早上跑兩個小時，可以想像的是，應該幾乎沒有人會每天心情愉悅地起床，然後立刻去跑步吧。

同樣的道理，如果孩子短時間內坐在書桌前也難以集中注意力，期望他有耐心是太苛刻了。更何況，如果孩子是心不甘情不願地勉強把屁股黏在椅子，這時還指責他坐姿不端正、書桌亂七八糟，也只會灌輸給他一種負面想法，也就是「坐在書桌前只會挨罵」。因此，為了培養孩子的學習耐心，設定目標非常重要，而關鍵是要讓孩子相信自己可以完成小任務，例如坐在書桌前五分鐘，吃點心或做自己喜歡的事。

要一個坐不住的孩子在書桌前坐好，還要念書或做不喜歡的事，這從一開始就需要很強的自制力。建議父母不要同時訓練這兩件事，而是應該逐步進行，先讓孩子熟悉好好坐著，再挑戰做習題等也不遲。從眼下看來比較可行的事開始，循序漸進，直到能讓最初看起來絕對不可能的事情成為現實。在這個過程中，孩子能夠體會到成就感，這也是學習的最大動力。只要能建立強烈的學習動力，讓孩子即使不願意做的事情也能嘗試，他們就不會輕易放棄。

方法② 停下來想一想

難以控制衝動的孩子的顯著特徵之一，就是他們的行動會優先於思考。若他們懂得在需要糾正的行為出現之前，先花點時間停下來整理自己的思緒，對於緩解問題行為會非常有幫助。因此，有必要讓孩子養成獨立審視自己角色的意識，進而提高耐心。例如，美國的小學會教導那些難以集中注意力的孩子一些「咒語」，也就是要牢記在談話中扮演傾聽者的角色應該怎麼做，例如「我是否看著對方的眼睛」、「我的身體、表情是否都向著對方」，以及「對話的主題是什麼」。當然，一開始有些孩子會覺得在談話中檢查自己的行為有點奇怪，然而，如果讓孩子選擇適合自己的規則，像是以觸摸拇指、食指和中指來思考需要注意的三個動作，或者給予正面的回應，例如輕輕點頭三次或更多，孩子很快就能成為稱職的傾聽者。

對於喜歡在對方說話時打斷的孩子，建議可以進行一些活動，將衝動的溝通習慣轉變為有意識的溝通，例如「悄悄話一、二、三」遊戲。遊戲方法非常簡單，在手錶或手機上設定二到三分鐘的計時器，當通話過程中鬧鐘響起時，扮演聽者角色的人必須數「一、二、三」，接著要說出對方的最後一句話。這個遊戲的作用，是讓人體驗到談話之間必要的暫時沉默。

當然，這類活動不僅可以在學校使用，也可以在家使用，例如用餐時，用視覺輔助工具讓大家知道現在是誰在說話，也可以提醒每個人的角色，改善對話經常重疊的環境。在美國小學裡，主要使用的視覺輔助工具是裝飾漂亮的「發言棒」（talking stick），拿在手上就擁有發言權。其實，只要是孩子喜歡的玩偶、徽章、貼紙等明顯的物品，都可以作為發言權的象徵物。此外，還可以加入規則，只有拿著發言棒的人才能說話，而說完後必須把象徵發言權的物品交給下一個人。以這方式提高孩子的接受度，孩子說不定還會站出來擔任「風紀股長」喔。

方法③｜用熟悉的信息，讓等待成為可能

「媽媽，到了沒？」每次開車，都會聽到坐在後座的孩子這樣提問，如果是你，會怎麼回答呢？當我們專心開車時，每五分鐘就會受到各種問題的轟炸，而大部分父母通常會回答「嗯，快到了」或「剛才不是問過？到了我會告訴你」。這種狀況在父母正在講電話或準備晚餐時，也經常發生。然而，從孩子的角度來看，不僅很難衡量「等一下」或「稍後」代表要等待多長時間，即使聽到相同的答案，實際上所需的時間也可能會因情況而異，於是，心裡便會覺得很鬱悶。

特別是對平時沒有耐心等待的孩子，說出如此模糊的答案，就像不告訴正在拚命奔跑的選手終點還有多遠一樣。使用孩子認得的清晰數字做為答案，是送給容易不耐煩的

孩子最佳的禮物。即使孩子尚未完全理解十分鐘、一小時等具體的時間概念，也可以透過各種工具來讓時間具體化。在家裡，可以使用以圖片顯示時間流逝的計時器，或者使用像Google Home、Siri或Genie等人工智慧語音系統；開車時，則可以說「大概還要卡通《救援小英雄波力》一集的時間」、「大概還需要十首歌的時間」根據孩子熟悉的媒介來提供資訊，也是另一種方式。

最重要的是，到了和孩子約定的時間，就要努力遵守。這樣才能讓孩子相信，「雖然等待是件很難的事情，但是隨著時間流逝，最終一定會達成心願（例如：媽媽的關注）」，而這個信念在等待過程中會成為孩子的巨大動力。

方法④｜製造拖延欲望的機會

只要我們生活在一個滿足即時需求的社會中，就有必要創造故意延遲需求的情境，以教導孩子耐心和毅力。尤其是現在，孩子往往相信如果他們想要某樣東西，就應該立即得到。當他們看到一個很酷的玩具在面前時，即使不是他們真正需要的東西，也會想要馬上購買，如此一來，孩子很難養成明智的消費習慣。特別是如果這種情況重複發生，就必須小心，因為孩子不僅無法控制自己的衝動，還可能會認為接受特殊待遇是理所當然的事。

事實上，許多研究顯示，從長遠來看，要獲得有價值又持久的回報，就需要有能力抵抗及時行樂的誘惑。當我們想購買某樣東西時，與其在看到的當下立即付款，不如先想想自己是否真的需要這個東西，然後在合適的時間購買，這樣可以最大限度地提高滿意度。這也代表為了培養消費忍耐度，父母不應該總是買玩具給孩子，即使也沒什麼具體理由不買給他們，仍要注意，不應該每次都無條件滿足孩子的欲望。

如果和一個每次去百貨公司都會發脾氣的孩子發生爭執，可能會讓人想放棄購物，或者想辦法不要讓孩子看到玩具。但實際上，這種欲望很難抗拒，而越難抗拒誘惑的孩子，越需要去玩具區體驗。這是因為孩子必須練習耐心等待自己想要的東西，才能培養抵抗力，面對未來生活中遇到的眾多誘惑。那我們該用什麼策略來培養孩子的耐心呢？

最簡單有效的方法就是建立「玩具只在特定日子買」的原則，透過灌輸有目的的消費意識來減少衝動購買。例如，每月設定一個與孩子一起買玩具的日子，並標記在日曆上，讓孩子練習等待；或者，也可以把孩子想要的物品的照片做成拼圖，給孩子一個收集的任務，將等待變成遊戲也是一個很好的方式。

最重要的是，如果不是指定的日子，無論孩子如何耍賴，父母都要展現堅持，堅定地說：「今天不是買玩具的日子，所以我們只買需要的東西就好。」當然，教育孩子養成良好的消費習慣並不是短期內就能實現的，因此這個過程也不容易。但孩子如果經常看到父母毫不動搖地維持一致性，那麼總有一天也自然會接受。而且，比起以前想買就買的時期，經過忍耐才獲得的購物機會能讓孩子更慎重地消費，也帶來更大的滿足感。

至於年齡稍微大一點的孩子，告訴他們正確消費和儲蓄的概念，也是培養耐心的好方法。特別是每次購物時，依據「想要」還是「需要」的差異確立優先順序，正是建立智慧理財觀念的第一步。要讓孩子了解，如果隨心所欲購買自己想要的東西，將來在必要花費上就可能遇到金錢不足的狀況，因此必須有制定財務計劃、節制消費的概念。

美國家庭為了同時培養孩子的財務觀念和消費耐心，從小就讓他們自己賺錢購物。例如，從上小學之前開始，就把自己不需要的東西整理好，賣到跳蚤市場，或是每次幫助做家務時，都會給予一定的金額，藉此培養孩子的金錢觀。近年來，越來越多美國家庭效仿美國401k退休金制度，父母依照孩子每月的儲蓄金額再額外追加。這樣儲蓄的錢就由孩子自己管理，而不論是遊戲還是最新手機，都不是由父母出錢，而是讓孩子承擔「想要的」消費，用自己存下的錢來購買，藉此引導孩子捨棄不必要的消費。

區分不對與不同

和自己相似或不同的人

我們比較容易被誰吸引？與自己相似的人，還是與自己不同的人？當然，將世界上所有的關係分為兩類是有些困難的；而我們認為跟自己相似的人，與實際上和我們有很多共同點的人之間，存在著差異。即使你在認識某人的早期階段覺得你們有很多相似之處，但了解得越深入，越會發現事實並非如此。即使是最微小的共同點也可能被誇大、賦予意義，因為我們對他人的喜好會影響判斷的客觀性。

在心理學中，「相似性原理」和「互補性原理」被用來描述人們會受到與自己相似或不同的人所吸引。如果有人跟你有很多共同點，因為你能夠預測他的反應、想法，所以很容易感到舒適自在；另一方面，在與自己傾向不同的人身上，你又可以發現獨特的魅力。不過，大多數研究顯示，在長期關係之中，相似之處越多的人，彼此的連結就越牢固。

實際上，當我們與和自己有很多共同點的人在一起時，經常會「一拍即合」，覺得對方「理解我」。在想法相似的人群中，即使不一定要介紹自己，也能獲得歸屬感，而且不會害怕被評價，因此表現、行動都很自由。像這樣喜歡和自己相似的人，是基於渴望安全感的人類本能。

但問題是，世界廣闊，世上有許多不同的人，所以我們自然無法永遠都感到舒服。假如一心只想避開這個問題，那麼看待世界的視野就會非常有限，因而走上「只有自己知道的東西才是真實」的固執之路。如果不想被「不只是我，連我周圍的人都這麼想」的錯覺所束縛，就需要努力理解自己和別人的視角。

方法① 「我覺得……」咒語

我記得十三歲第一次到美國留學時，看到課表安排的烹飪課時間後非常興奮，因為不僅可以學習製作過程，還聽說下課後可以品嚐自己做的料理，心裡覺得很開心。第一堂烹飪課那天，要製作的是墨西哥捲餅。當時，我還沒什麼機會接觸墨西哥食物，所以對這道菜非常陌生，只能按照老師的指示炒洋蔥，加入我生平第一次看到的調味醬料。我完成料理後，立刻問坐在旁邊的同學：「這是辣的嗎？」得到的回覆卻是：「我覺得不辣。」我到現在都還記得清清楚楚，辣就是辣，不辣就是不辣，到底「我覺得不辣」是什麼意思？我反而更迷惑不解。但是從那之後，我經歷了許多與美國朋友的對話，開頭都是「我覺得……」，讓我理解了這就是尊重多元想法的美國文化。「我覺得不辣」這句話，就是「我吃了覺得不怎麼辣，但不知道你的口味如何，因為每個人的感受都不同」的簡略版。

美國人重視表達自己的想法，而韓國人往往把重點放在得到正確的答案。在學校學習的時候，背誦、分析的時間絕對多於分享自己意見的時間；至於說到什麼樣的員工可以得到公司認可，也絕對會想到是根據事實提供精闢分析的員工，而不是談論自己獨特想法的員工。由於環境中較少機會分享各自的想法，也就代表比較少機會聽取不同的意見，因此如果問在韓國的朋友第一次接觸的食物味道如何，一定會得到與美國朋友截然不同的回答。

我：「這個辣嗎？」

A：「不會，這個沒有辛拉麵辣。」

B：「什麼話啊，這個很辣！比起勁辣火雞麵還要更辣。」

不愧是重視分析的民族，在說明口味時，用大家普遍都知道的代表性辣味食物作為比喻。此外，當兩個以上的韓國人聚在一起時，很容易分成「辣派」和「不辣派」相互對立。這就像在吃糖醋肉或紫蘇葉的爭議，有人認為夾肉沾糖醋醬的吃法才對，看到把醬全都倒在肉上的人，會驚呼：「不對啊！糖醋肉當然要沾醬吃。你根本不會吃糖醋肉啊！」至於薄薄的紫蘇葉，也有人很介意不是男女朋友就不該用筷子幫對方分開紫蘇葉，會認為：「你又不是她男朋友，怎麼可以那樣做？」不管是哪一派，最重要的是區分「不同」和「不對」之間的差別。

這兩個詞在生活中經常使用，若仔細了解其定義，就能明顯發現差別。「不同」意味著「兩個可以並陳的對象的差異」，並沒有先入為主的成見；相對地，「不對」就像「計算或事實的錯誤」，當指出對方不對時，同時包含了「我是正確」的情感。

在美國，這種認為「兩個答案中只有一個正確」的思考方式稱為「非此即彼心態」

（either-or mentality）；接受不同意見的思考方式則稱為「兼容並蓄思維」（both-and thinking）。強調「不同」而非「不對」的環境，會成為比起正確答案更尊重個人的社會基礎。

如果親子對話也適用「我覺得……」的思考方式，那麼包容因代溝而產生的眾多「不同」要素將變成可能。

方法② 戴上透視眼鏡

著有《兒童的世界》（暫譯）的作家金素英（音譯）強調「孩子的獨特之處不僅在於與他人的不同，也在於他們的相似之處，甚至是與他人相同之處」，因此要尊重孩子各自的個性。事實上，即使是同年同月同日生的雙胞胎，也不代表有同樣的人格。

在學校，孩子們也以各自的方式成長。即使在同一間教室上同樣內容的課，每個孩子的理解也會不同。如果忽略了這種獨特性，只用標準化的視角來看待孩子，那麼重點將會放在孩子的缺點，而不是特殊優點，也會經常拿孩子進行比較，或者把孩子的莽撞的行為視為錯誤，說出：「你是怎麼了？你看其他小朋友都不會這樣……。」如果能記住世界上有十個孩子就有十種不同個性，有一百個孩子就有一百種個性，那麼對於自己孩子表現較弱的地方，也會視為特色。

艾美・克蘿思・羅森朵（Amy Krouse Rosenthal）的繪本《鴨子？兔子？》（*Duck! Rabbit!*）正講述了各種不同觀點。該優良繪本文字少，畫風詼諧，適合學齡前到小學低年級孩子閱讀。這本書的開頭是兩個人看著書中的圖片，分別主張是不同的動物開始。

「這是鴨子。」

「不對，是兔子。」

「這不是長長的耳朵豎起來嗎？而且右邊還有橘黃色三角形的東西，看到了吧？那是兔子正在吃胡蘿蔔啊。」

隨著兩人不斷補充說明，逐漸相互理解，甚至在最後說出「你說得對」、「不是。你說的才對」，結果又發生了新的爭論。在美國的學校課堂上，像這樣出現一種以上觀點的狀況，並試圖同理他人的行為被形容是「戴上透視眼鏡」。即使出發點不同，但如果大家都能試著真心看待彼此和世界，相信創造一個沒有偏見的溫暖世界並不是夢想。

方法③ 同意不同意

就像上述那本繪本的內容一樣，為了相互理解，要發揮尊重和善用語言表達想法的能力。想要只靠眼神就讀懂對方內心的意圖是不可能的，而且在現實中，即使目標相同，解決問題的方法也會因人而異；反過來說，就算過程相同，但最終想要實現的目標也不會完全一樣。這麼多不同的人在一起生活，要說具備成熟的討論能力是溝通的基本要件，一點也不為過。

美國小學重視表達自身想法，一天有一半以上的課需要討論。即使是低年級學生，從成為小學生的第一個月開始，老師就會教孩子們「尊重並反駁」等討論技巧，告訴孩子若要強調自己的意見，不要用指責或貶低對方的方式，而是在考量對方的情況下提出反駁意見，才是有效的策略。

其中在小學低年級時，在學校和家庭中經常使用「三明治對話法」，按順序排列摘要、肯定、反駁，這種對話方式無論主題為何，都具有讓對方傾聽的力量。

三明治對話法的第一步是將他人的意見按照自己的理解進行整理，再重新描述的過程。這不僅會讓對方感到被尊重，也可以化解一開始的磨擦與誤會。如果在部分地方加上同理心的表達，還會讓對話氛圍變得柔和。

經過「摘要和同理」的過程，撫慰對方的情緒之後，第二階段就正式加上自己的主張。比起不分青紅皂白為反對而反駁對方的話，更能有效地傳達意見。舉例來說，假設討論的主題是可不可以把《精靈寶可夢》卡牌帶到學校，比起主張「開放孩子帶來學校，一定會為了卡牌吵架，必須無條件禁止」，可以這麼說：「你的意思是說，如果把《精靈寶可夢》卡牌帶來學校，休息時間自己一個人也可以玩，不用擔心沒有人一起玩，所以很好（摘要）。我也覺得喜歡玩的小朋友聚在一起可以有相同的話題很好（肯定），但是完全不懂《精靈寶可夢》或沒錢買卡牌的孩子可能反而會有被冷落的感覺，這個問題也不能忽視（反駁）。」按照這樣的順序發表意見，就會促進相互理解。

在家中，父母與子女對話時，不要試圖要求孩子無條件聽從父母的話，或對孩子的意見置之不理，而是建議使用依序「概括、肯定、反駁」的三明治對話法。「做作業之前想先玩一個小時遊戲啊（摘要）？我們本來就說好每天可以玩一個小時的遊戲，所以媽媽覺得還好（肯定）。但是上週有次玩了之後，沒過多久又想再玩，沒有集中精神寫作業。你自己有什麼想法呢（反駁）？」透過重複同樣的對話，孩子不再是單方面聽取指示，而是可以與父母交換意見，這樣會讓孩子感到被尊重。

除了辯論技巧之外，還需要教導孩子所有辯論的目的並不是為了找到神奇的解決方案。特別是需要長期改變才看得到成果的問題，不可能一次就找到明確的解決方案。不過，有一些問題只要承認彼此的不同就能解決，例如糖醋肉的吃法，與其爭論哪一種才對，不如尊重彼此的喜好，不忽視對方，這才是有效的討論。在美國，這種情況叫做「agree to disagree」，直譯的話就是「同意不同意」的意思。子女和父母之間也是，認可「我們的想法有點不同，這也是有可能。原來你的想法是這樣啊」，透過努力接受觀點的不同，成為彼此認同的第一步。

讓孩子學會負起責任

孩子準備好做決定了嗎？

只要看看電視或上網，就很容易看得到「MZ世代」的分析。「MZ世代」是指一九八〇年代初期到二〇〇〇年代出生者的統稱，到二〇二五年，他們將成為占全世界勞動人口約75%的社會核心成員。雖然老一輩和新世代之間的差異一直存在，但是MZ世代重視自我成長的機會更勝於穩定性，從韓國的早期辭職率來看，在進入公司後一年內辭職的比率中，他們占了三分之一。對於MZ世代早早就離開公司的原因有很多種分析，而社會沒有給孩子充分的時間思考自己真正想要的東西，正是主要原因之一。

從韓國每年大量投入高考的孩子來看，比起以自己的夢想為基礎尋找方向，更多人把目標放在先取得好成績，進入好大學，因為進入名校才有機會進入大公司。但在畢業進入大公司後，很可能會感到難以形容的空虛，特別是有些孩子無法選擇自己想要的，並為結果負責，於是更容易產生迷惘。如果沒有主導自己人生的經驗，就會錯過從經驗中學習的機會，凡事只想找捷徑，在工作中很難感受到成就感或使命感。

MZ世代成為職場的主力，而這些人很多是「專業辭職者」（經常辭職的人），這種現象也讓企業看重的價值發生了變化。韓國職業技術平臺saramin最近以五百三十八家企業為對象進行研究，結果顯示，超過一半的企業在招聘職員時，比起成績等客觀指標，更重視責任感、溝通能力、誠實等非客觀素質。特別是接受問卷調查的企業中，有86%表示曾用以上的非客觀條件作為基礎徵才，而社會情緒力對求職成功與否也產生了相當大的影響力。

方法①｜從小事累積個人責任感

那麼，作為未來人才最重要的條件，在前面反覆提到的「責任感」是什麼呢？責任感大致分為個人責任感和社會責任感兩種。其中，個人責任感是指盡最大努力完成自己分內工作的意志。對孩子來說，就是上學不遲到早退、個人衛生管理、不亂丟物品、自己做好該做的事等等，有這樣的態度基本上就是個人責任感的表現。但是隨著年齡增長，升上國中、高中，個人要負責的領域也會變大。這個時候，有很多情況需要孩子帶頭做出選擇，例如設定具體的學習目標或規劃未來方向，以便按時提交學習計劃。近年來在美國，越來越多的人支持應該為這個階段的孩子，提供探索各種職業的機會，認為可以提高他們未來的工作滿意度。讓孩子在開始全面進入考大學的準備之前，培養對工作的現實意識，並對自己的能力進行後設認知的省思。

因此，美國公共教育除了從很久以前就被認為是特別活動的美術、音樂、第二外語之外，現在還多了程式設計、臨時法庭、機器人、AI等與現今職業有密切相關的課程。最近，學校更與公司或媒體合作，提供實際探訪未來前途的機會或安排諮詢人員。另外，還有針對進入大學前一年的熱門課程「職涯規劃」（career path），能提供機會探索不同職業別的差異，以找尋自己感興趣的領域，規劃未來的方向。

該課程採分組進行，由學生們分析、發表自己想報考的領域最近的焦點和動向。以專題式學習的方式，與同年紀的朋友一起走過看似艱鉅的職業探索隧道，再由孩子自己設計真正想要的生活。

韓國政府也努力為孩子們創造自己尋找夢想的機會。從二〇一六年開始試行自由學期制，也就是一個學期或兩個學期內都沒有期中、期末考試，而是集中於體驗與未來前途有關的教學。但是，由於相關專業人力不足，預算也有限，因此到目前為止還沒有取得值得關注的成果。

二〇二一年，《首爾經濟》對二千八百名經歷過自由學期制的學生進行問卷調查，結果顯示，55%的學生表示「不推薦自由學期制給學弟妹們」，同時也透露，自由學期制對學生尋找未來的方向完全沒有實質幫助。因此，看著獨自背負探索前途包袱的孩子，父母應該如何幫助孩子呢？矛盾的是，父母必須退後並放手，才能讓孩子學習主導開拓自己的道路，並為之負責。「人生有兩種選擇。」就像美國海軍士官學校出身的成功導師丹尼斯・韋特利（Denis E. Waitley）所說的那樣，改變自身狀態的力量是從平時發揮責任感開始的。

實際上，觀察在未來前途表現出主導態度的學生，就會發現他們習慣在生活中做出選擇、負起責任。這些學生即使沒有學校介入，也會自己找到感興趣的領域的榜樣，並關注他們的行動。還會進一步了解可以實現夢想的各種資訊，例如獎學金或各種競賽等。與其被逼而馬馬虎虎地選擇未來道路，不如自己經歷嘗試、錯誤，最後決定自己要走的道路。這絕不是浪費時間，因為是努力後的選擇，所以會有更大的成就感，而且就算以後轉換跑道，挑戰精神和負責任的態度也會相伴，成為現實可用的能力。

美國的父母在給孩子們充分的選擇機會後，會強調選擇必須伴隨責任。讓走路還搖搖晃晃的孩子選擇自己想穿的衣服；讓幼兒園的孩子在好幾樣餐點中選擇自己想吃的食物；對於在寒冬堅持要穿短袖T恤的孩子，也只是告知當天的天氣，鮮少會強迫孩子加外套，因為穿短袖T恤是孩子自己的選擇，因此必須承擔外出時會感受到的寒冷。如果是在韓國，肯定是媽媽幫孩子背書包，孩子則是層層包緊緊的，相形之下，美國的媽媽似乎太冷淡無情了。然而，如果孩子因為選擇不適合天氣的衣服，導致必須提前回家，可能就會學到如何選擇合適服裝的重要教訓，相信孩子下次會選擇舒適保暖的衣服，以便可以玩得更久。

在美國學校被視為必修課程的「選擇時間」（choice time），也有助於擴大孩子們的經驗範圍，同時賦予孩子獨立的決定權。選擇時間是以孩子為主體，參與自己感興趣的活動，例如玩積木、摺紙、桌遊等，大部分都是與學科無關的創意型遊戲，孩子在這段時間可以自由學習、交流。課堂上藉著同學之間的互動，同時也在學習自律。平常上課時，老師會制定協助進行交流的規則，例如孩子兩人一組、輪流提問等；相對地，在選擇時間內，孩子則會自行決定要與誰在哪裡做什麼、有什麼交流。

在這樣輕鬆的環境中，孩子會遇到意想不到的事情，例如用牙籤組合的物品，需要比想像中更大的空間，或是需要好幾個人一起建造、很難維持重心等，而即時解決問題的經驗可以提高孩子的主導性。特別要記住的是，在父母眼中看起來無聊、被認為浪費時間的遊戲，也可能是孩子對自己的世界進行探索的過程。這對日後孩子能否有正確、健康的媒體使用習慣也會產生很大的影響，因為那些思考過自己做什麼會感到快樂的孩子，會將媒體視為其中一個愛好，而沒有獨立遊戲經驗的孩子，則可能會把數位媒體當作唯一的樂趣來源。

從最近韓國孩子的生活來看，可說是沒有時間感到無聊。學校、家庭和補習班，每天行程滿滿；就算有所謂的遊戲時間，也會變成由大人主導教授遊戲方法的課程，而由孩子們自己創作的時間非常少。因為在日常生活中做出小小選擇和決定的經驗，對於責任感的形成有關鍵作用，所以父母必須努力，將決定權放手讓給孩子。即使只是去住家附近公園的遊樂場，也是創造自主決定的時間，孩子可以自己決定和哪個朋友一起玩什麼遊戲；或是像全家出遊，調查有什麼景點、如何前往（交通工具）、選擇美食餐廳等，都可以成為一種訓練。

方法② 用道歉培養社會責任感

父母不僅要教育孩子個人責任感，還要教育孩子社會責任感。用一句話概括社會責任感，就是不想損害他人情感或權利的心，即「對他人的責任感」。社會責任感強的人會意識到自己說的話和行動對別人有什麼影響，而努力讓自己成為正向的人。舉例來說，如果整理房間、保持清潔是出於個人責任感的行為，那麼為了所有家人著想，打掃共同空間就是出於社會責任感的行為。為了與他人共存，形成和諧的關係，履行社會責任是非常重要的。如果朋友每次都不守時，或公司同事都不好好完成分內工作，那麼要和這些人建立、維持良好關係，就像緣木求魚。成熟的人際關係在人與人之間發生問題時會更顯現價值。以愛和責任為基礎的關係，即使有意見衝突，也會不斷努力相互理解。韓國青少年諮詢院高級諮詢員李浩俊（音譯）對近來孩子們的交友關係表示擔憂，他說：「就像電腦運行不正常時按下重置按鈕，系統就會重新啟動一樣，如果朋友之間發生矛盾，很多孩子根本不會努力和解，反而認為少了一個朋友，還是可以交到『其他朋友』」。

可惜的是，現在的孩子普遍不願意先道歉，因為那樣好像是舉白旗認輸，對自尊造成傷害。有的孩子為了將自己的行為正當化，先聲奪人指責對方，這都是因為害怕面對自己的不足而產生的自我防衛機制。因此，重要的是要讓孩子認識到承認錯誤是勇敢的行為。雖然自己的形象是透過「他人眼中的我」塑造的，但是真正讓一個人感到驕傲的是「只有我知道的自己」。因此，不管再怎麼隱瞞自己的錯誤、不肯道歉，但只要自己知道有錯，就很難找到內心的平靜。

為了培養社會責任感，即使孩子犯錯，父母也不應該出面代為道歉，而是應該鼓勵孩子主動道歉。例如，孩子對學校老師無禮，父母不應該出面道歉說：「對不起，是我沒教好。」而是應該引導孩子說明自己做錯的事情，以及在這個問題上謀求變化的具體計劃，才能培養孩子對自己的行為負責。承認自己的錯誤、努力修復關係的孩子，會感覺到壓抑內心的石頭消失了。如果能知道自己道歉的時候和不道歉的時候，內心會發生什麼變化，就會理解比起錯誤本身，努力迴避的時間更痛苦。這時父母能為孩子做的，就是教導孩子，任何錯誤都不會危及父母的愛。當孩子因為擔心犯錯受到訓斥而支支吾吾時，父母的一句「無論你做得好還是做錯事，我們都愛你」，就能融化孩子的心。這，會讓孩子成長為不怕承擔錯誤的孩子。

珍視自我，懂得自我保護

美洲原住民切羅基族（Cherokee）的傳說中，每個人心中都有兩匹狼共存。一匹是貪心、無禮、充滿嫉妒和厭惡的狼，另一匹是充滿愛和陽光、親切的狼，兩匹狼每天都在人的心中展開殊死搏鬥，為的就是掌握心靈的主導權。有一天，切羅基部落的一個小孩聽到這兩匹狼的傳說後，問自己的爺爺哪一隻狼能贏得戰鬥，老爺爺回答說：「你餵食的那邊會贏。」這故事的寓意是，我們每個人都可以決定自己要投入什麼樣的能量。

與他人相比，我們對自己的評價往往特別吝嗇，因此我們常常無意識地做出把食物丟給嫉妒的狼的選擇。看到功課好或人緣好的朋友，我們會貶低自己，或建立無條件順從的關係。其實我們要做的不是嫉妒其他優秀的人，而是應該重視自己，對自己要有信心，堅實的自尊心也是自信的泉源，可以讓我們清楚說出自己的想法。在學校生活中，孩子可能會遇到不公平的情況，讓他在同儕中感到害怕，因此，在學齡前社會生活開始時，父母就要幫助孩子培養守護自己的力量，例如懂得對自己說：「我是一個很不錯的人。」當我們對自己充滿信心時，尋求幫助就會變得更容易。這是因為具有正向自我意識的孩子明白，表達自己的需求或想要的東西絕不是因為自己有什麼不足。那麼，有哪些方法可以培養維護自己權益的能力，也就是「自我保護力」呢？

方法① 高喊自我肯定

我一向倡導沒有作業的教室，而每學期給學生們屈指可數的作業之一，就是每天到學校的路上，要反覆對自己說：「我可以做到！我會愉快地度過今天！我就是自己的主人！」這樣做不僅讓一天的開始充滿正能量，還能培養長期的自我尊重。克勞德・斯蒂爾（Claude Steele）曾任史丹佛大學的教授，他廣為人知的自我肯定理論在腦科學上也證明了其效果。研究發現，當我們透過背誦自信的訊息來練習自我暗示、支持自己時，大腦中處理有關自身訊息的區域就會被活化。這代表重複具體的自我肯定與將相關訊息刻印在潛意識中的效果相同。

韓國著名的舉重選手張美蘭也有效運用了自我暗示。她表示，除了訓練之外，還另外安排了冥想時間，反覆想像自己在奧運會上成功舉起目標重量。她堅持不懈的自我暗示歷程與身體訓練產生協同效應，喚起了張美蘭特有的執著和熱情。

事實上，孩子們每天都能透過將自己獨特的優點融入自我肯定，表達出自豪感。例如，告訴自己「我真的很善良」、「我鋼琴彈得很好」、「我今天也要在單槓上撐過十秒鐘」。父母如果傾聽孩子的自我肯定話語，就能觀察到孩子最自豪的是什麼。

方法② 照顧自己的經驗

看到孩子在遊樂場玩耍時摔倒而痛哭，身為父母一定都想一口氣跑過去安慰他。但是在付諸行動之前，我們必須記住一點，要在不影響孩子照顧自己的情況下伸出援手，這才是真正為孩子著想的關懷。父母在孩子檢查自己的狀態之前就站出來安撫，孩子就不會去管自己傷勢如何，也不處理當下的狀況，只會訴諸情緒。因此，透過後設認知讓孩子了解自己想要什麼，並給予表達的機會，這是不可避免必須要經歷的事情。如果孩子在驚訝或受傷時只會大聲哭泣而沒有其他表達方式，那麼父母需要協助孩子釐清現在哭泣是由於疼痛，還是因為嚇到了。最重要的是讓孩子自己理解情況，才能調整情緒。

如果想知道孩子的自理能力如何，想像一下他和朋友一起玩積木會很有幫助。如果孩子的朋友坐在地板上，手裡拿著建造孩子夢想中的模型所需要的積木，你的孩子會如何反應？在這種情況下，孩子有沒有自我保護力，在行為上會有很大的差異。不習慣為自己爭取的孩子，常常會訴諸肢體表達，例如推擠朋友或發脾氣；而具有被動傾向的孩子可能只會使用手中的積木，很容易被誤解為對特定環境的靈活反應，但是在整個遊戲過程中，孩子的心裡不僅失望，和朋友也沒有交流，很難視為正面的反應。

相反地，孩子如果擁有堅實的自我保護力，就不會只想著滿足自己的需求，而是會進一步表達自己的意思去說服別人。比起單純請求「我要用那個」，他更可能會說：「現在你坐的地方下面有我想要的綠色積木，如果你不用的話，可以給我嗎？我正在製造太空船，需要那塊積木。」這就是有根據的具體主張，強調現在自己想要的積木就在對方底下，同時也指出那個東西對對方來說並不是什麼重要的工具；而積極分享自己正在進行的計劃（造太空船），也可以提高順利交流的可能性。像這樣懂得照顧自己的力量，造就了在同樣情況下能否機智應對的差異。

如果你的孩子缺乏自我保護力，那麼就必須教導孩子可以應用的策略，而不是父母直接介入。假設在校車上有一個同學每次都會欺負孩子，那麼父母只需要讓孩子知道在校車上可以向誰求助，並讓他知道值得信賴的人正在關注這個問題，這樣就能減少孩子的焦慮。尤其是在情緒強烈的狀態下，孩子往往只顧著表達自己的感受，而不是關注問題的核心。因此，練習表達自己的想法是有幫助的，例如可以利用5W原則，從何人（who）、何事（what）、何時（when）、何地（where）及為何（why）來逐步解釋情況，對表達自己想法的訓練會有幫助。

有時，「打小報告不好」的先入為主觀念會妨礙孩子尋求幫助，所以必須教導孩子合理的要求應該得到尊重，才能保護自己的安全。這不僅適用於同儕關係，也適用於與成年人的關係。在重視禮儀的韓國，人們傾向於認為服從老師就是「好孩子」。但是請記住，老師也是人，因此他們也可能會犯下無心之過或誤解孩子。因此，與其強迫孩子無條件聽從老師的話，不如教導他們如何以禮貌的方式溝通、解釋，這點更為重要。

方法③ 應用同意文化

二〇〇六年，女性社會運動家塔拉納．伯克（Tarana Burke）揭露組織內性暴力和性騷擾受害事件後開始了「MeToo運動」。在美國，越來越強調「同意文化」（consent culture）的重要性。實際上，「同意文化」一詞最初是在性關係的意義上廣泛使用，即成年人的性關係應建立在彼此同意的基礎上，但現在範圍已擴大到包括尊重對方界限和捍衛自己的態度。

特別是在子女教育方面，父母或親朋好友在對待孩子時經常要求的肢體接觸成為爭議話題。因為越來越多人主張，看到孩子可愛而擁抱、撫摸、親吻等親密的表現，是否真的是得到同意的行為。研究指出，若孩子從小就對自己身體的認知度高、對身體接觸有決定權，日後遇到自己不願意的關係時，可以適當應對的機率比較高。詢問是尊重孩子權利的典型方法，比起慫恿孩子「去親親外婆」、「應該抱抱朋友」等身體接觸，可以改成說：「你想親親外婆嗎？你不是不喜歡那樣，那可以想想用其他方式打招呼。」或是：「媽媽想抱抱你，可以嗎？」對於孩子的同儕相處，可以教導孩子練習徵得對方同意，直接詢問對方的想法，像是說「我們握握手吧」、「要不要來個再見擁抱呢」等等。這樣不僅可以讓彼此都在舒適的範圍內進行交流，還能夠保障拒絕的權利，形成以尊重為基礎的關係。

幫助孩子照顧同儕關係

結交新朋友，沒有想像中簡單

對孩子來說，同儕關係就像左右幸福的鑰匙一樣。但結交新朋友是比想像中需要更多技術的高難度課題。每到開學，觀察孩子之間的交流，很容易發現與新同學溝通仍存在著巨大落差。有些孩子認為與朋友交流像呼吸一樣自然，但也有不少孩子需要很長的時間來熟悉、應用社交的規則。在教導孩子如何與新同學交談時，可以從共同感興趣的話題切入，如果話題枯竭，那麼對話就很難一直延續下去。除此之外，關於如何解讀社交訊號並正面回應，都需要大量嘗試、失敗的經驗累積，才能熟悉、應用人際關係所需要的規則。

在這個過渡時期，父母能為孩子做的就是幫助他們在家中感受到「歸屬感」。與同儕相處不好的孩子，往往會陷入這樣的想法：「其他人都玩得很開心，只有我是唯一一個沒有朋友的人。」因此，讓孩子相信自己是家庭這個重要群體裡的寶貴成員，對於克服這些壓力源有很大幫助。

要遇到志同道合的朋友本來就是一件不容易的事，因此可以安慰孩子：「還沒有遇到合得來的朋友，一定很不好受吧？不過你是個好孩子，我相信你一定也會成為某人的好朋友。」理解孩子的不安，並撫慰他們可能因同儕關係壓力而受損的自尊，是幫助孩子朝著社交生活邁出第一步的最佳助力。

方法①｜牽線搭橋

有時孩子需要牽線搭橋（matchmaking）的幫助。要交到好朋友，首要的條件就是認識一個能產生共鳴的人。如果孩子無法自行建立好的同儕關係，父母就必須透過對話擴大孩子的視野。要注意的是，這並非是由父母設計、操縱孩子的交友關係。差別在於，父母不是透過考慮自己希望孩子擁有什麼樣的朋友來培養關係，而是從努力了解孩子想要什麼樣的朋友開始。問問孩子，「擁有朋友有什麼好處」，這個問題就是一個機會，可以了解孩子何時最需要朋友。當我們明白孩子的考量時，例如「中午可以一起吃飯」、「下課有人可以一起玩」或「坐公車就不會無聊了」等，就能夠一同構想主動出擊的方法。

美國小學每學期初都會舉辦的「友誼特質」（quality in friendship）活動，也是家長了解孩子想要什麼樣的朋友的好機會。在這項活動中，列出了我們通常認為在人際關係中重要的元素，例如誠實、幽默、聰明、領導力、可靠、靈活、具備共同愛好、善良和富有道德感，並按照對每個人的重要性排序。當然，這些能力都是建立正向人際關係的絕佳條件，但每個人喜歡的個性一定有差異，因此，透過孩子的答案，可以了解孩子理想中的朋友類型，也可以據此觀察孩子周遭發展新關係的機會。

童年時期的同儕關係，往往是隨著孩子發現自己與對方的相似處而自然萌芽的，所以如果班上沒有志同道合的朋友，也可以增加適合孩子感興趣的課外活動。或者，也能問問孩子：

「○○有沒有和你一樣的地方？」

「○○也帶著足球，他下課時間也會去踢足球嗎？」

「○○有穿寶可夢的T恤，他也喜歡寶可夢嗎？」

藉這些問題了解孩子身旁的人，這種時候，父母的角色不是主動干預，而是觀察者。觀察孩子與同儕的相處方式，就可以發現孩子對誰比較有興趣、會不會有話要說卻難以表達，或是過於堅持己見而難以與他們建立關係。也就是說，能夠清楚看到孩子社交上需要加強的地方。

方法② 喜歡朋友的朋友

小學低年級是孩子的社會意識增強的時期，同時嫉妒心也增強，兄弟姊妹之間偶爾出現的嫉妒心理也逐漸顯現在同儕群體中。尤其是可以看到，隨著對友誼的占有欲發展，對「最好的朋友」這個標籤的興趣也會增加。因此，當孩子看到「我的朋友」有了其他新的友誼時，常常會感到不安，因為覺得朋友被奪走了，甚至會討厭朋友的新朋友。對於生平第一次因為人際關係而心痛的孩子來說，這是很遺憾的事，但如果孩子試圖獨占一個朋友，大人就必須介入。過度執著對人際關係有害，而孩子也必須學會尊重他人的自主權。在這種情況下，創造機會讓孩子看看新朋友的優點，引導孩子思考：「既然他是我最喜歡的朋友的朋友，那就來看看他有什麼優點。」

德瑞克．莫森（Derek Munson）的《敵人派》（*Enemy Pie*），是一本描繪了明智的爸爸，如何處理兒子吃醋的繪本。主角是個小男孩，他不喜歡前不久搬來的傑瑞米，因為傑瑞米不僅住在自己最好的朋友史丹利家隔壁，而且居然沒有邀請男孩參加彈簧床派對，讓他感覺被排擠，於是男孩把傑瑞米寫在「討厭名單」裡。有一天，男孩的爸爸無意間發現了「討厭名單」，便想了一個辦法，對兒子說他有一道獨門食譜，叫做「敵人派」，給敵人吃了就可以消滅他。但前提是在吃之前，必須先花一天的時間跟敵人好好相處。雖然有點荒唐，但男孩答應了。他去找傑瑞米一起玩，但一天下來發現傑瑞米人很好，男孩突然不希望傑瑞米吃敵人派了。

就像故事中的聰明爸爸一樣，有時為了改善孩子的同儕關係，需要的是時間，陪孩子一起度過。即使不是一開始就非常親密，但在了解對方的過程中，也能形成共識，有機會成為好朋友。重要的是，適度的不便有助於擴大人際互動的範圍。

方法③｜練習乒乓球對話

諾亞是個喜歡蛇的孩子，他的父母說，諾亞在進入幼兒園之前，有一天偶然看到百科全書上對蛇的介紹，之後每天都會問有關蛇的問題。諾亞告訴我，蛇用舌頭聞味道，而蛇毒則是糖尿病治療劑及其他多種藥材的基本材料。他對家裡養的三條蛇和一隻貓全心全意投入，是個溫暖的孩子，但是因為有著非常特別的興趣，所以與同齡的孩子相處時遇到困難。雖然其他小朋友看到諾亞經常穿的蛇紋夾克，偶爾會有人說很帥氣，但是仍然沒有孩子想和只關心蛇的諾亞玩。於是我展開「乒乓球對話練習」，諾亞的社交生活也開始發生變化。

乒乓球對話是指根據對方說的話做出回應，以進行連續對話，就像乒乓球中來回擊球一樣。當七歲的孩子將乒乓球策略應用到他們最喜歡的話題「寶可夢」時，同儕關係就得到了綠燈。雖然當諾亞列出有關蛇的資訊時，其他孩子並不感興趣，但他們談到《精靈寶可夢》中的蛇角色阿柏蛇和飯匙蛇時，卻吸引了諾亞的目光來關注這個主題，孩子們藉由蛇角色，向諾亞問了很多問題。學期初對寶可夢不怎麼關心的諾亞，很快也對特質和長相與蛇相似的角色產生興趣，並學會為了交流順暢，有時必須考慮對方的利益，而不是自己的利益。從那時起，諾亞主動探索寶可夢的世界，彷彿是為了充實自己口袋裡的材料。到學年結束時，諾亞似乎找到了新的興趣，還被稱為寶可夢博士。諾亞的成長，顯示只要學習、應用基本的對話規則，例如「傾聽對方的興趣以及你自己的興趣」和「根據對方所說的內容進行回答」，就可以徹底改變一段關係。

方法④｜維繫關係的社交任務

每天早上，我一邊送孩子去幼兒園，一邊向兒子傳達一項社會使命，也許是對朋友說幾句好話、撿起教室裡的兩塊垃圾，或是留意朋友是否需要幫忙。設定一些簡單的小任務，讓每一天過得更有意義，這已經成為我們家的一個小習慣，而且持續維持了兩年多。社交任務最大的好處就是可以具體教導孩子如何做一個善良、體貼的朋友。「要善待朋友」這種抽象的教導在腦中或許容易理解，但很難付諸實踐。而一個簡單的任務，即使只是一天一次，也更容易付諸行動。這些小舉動都會成為孩子對待他人的態度，成為孩子一生維持良好人際關係的支柱。

當第一次向孩子介紹社交任務時，建議先從「稱讚」使命開始。因為這不僅有助於建立新的關係，對於鞏固現有的關係也有極好的效果。可以從稱讚朋友的衣服、文具開始，比較容易達成，也能透過這樣的稱讚向對方表達好感，例如告訴對方「今天你的鞋子太漂亮了，我也喜歡黃色」、「這支鉛筆太可愛了，我也想買有附橡皮擦的鉛筆」。從稱讚外在開始，再逐漸發展成稱讚對方的行動或特點。因為稱讚時需要描述，自然就會關注和觀察他人，也就會想進一步了解對方。未來，也有可能將這種形式發展成一個創造直接互動的任務，例如在下課休息時間邀請朋友一起玩，或者和自己從未交談過的朋友一起吃午餐。

方法⑤｜了解寂寞和孤獨的差異

當父母介入同儕關係時，要認識、尊重孤獨和寂寞之間的差異。這兩個詞在字典的意義沒有太大區別，但在心理學上卻可以明顯區分。寂寞意味著儘管想要與他人互動，但仍被拒絕的疏離感，孤獨則代表了自己想要有「自我的時間」。在童年和學齡期練習如何與他人溝通非常重要，但同樣重要的是必須記住，需要多少互動是有個人差異的。有些人從社交環境中獲得能量，有些人則需要獨處的時間來充電，因此最好給孩子提供社交互動的選擇。

那麼，我們怎麼知道孩子是否需要更多同儕的刺激呢？在大多數情況下，我們可以透過觀察找到蛛絲馬跡。從沒有受到朋友生日派對邀請，或看到姊姊的朋友來玩的樣子，觀察孩子有什麼樣的情緒變化，就能看出孩子的獨立傾向偏向孤獨還是寂寞。如果孩子能享受獨處時間或與少數朋友交流，從中得到滿足感，就沒有必要非得擴大交友圈。因為即使孩子的周圍並沒有父母理想中的廣闊人脈，但只要孩子幸福，那就是緊密相連的緣分在身邊的信號。

應對同儕壓力的方法

孩子們從很小的時候就開始交朋友，但通常直到很久以後才能夠理解這些關係的確切含義。這是因為在我們的日常生活中，「朋友」這個詞常常具有複雜的意義。這很容易讓孩子感到困惑，因為社會環境中同齡的孩子或他們在街上遇到的同學都被稱為朋友。然而，泛泛之交和知心好友之間有很大的區別，這與友誼的類型有關。因此，有必要告訴孩子，世界上不只有帶給彼此情緒穩定的健康關係，也存在有害的關係。

「必須與遇到的每個朋友相處融洽」的想法，表面上看似無害，其實會使人很難正確區分好關係和壞關係。在這種情況下，孩子可能只是被動適應這種情況，或者最終會受到傷害，因此正確地教育孩子了解理想關係的特質，非常重要。俗話說「看一個人身邊的五個好朋友，就能看出他是個什麼樣的人」。與我們關係親密的人，對我們的人生影響很大，尤其是在價值觀形成的童年時期，更可能具有關鍵性的影響。

區分友誼是健康或有毒的

「健康的同儕關係」需要雙方的努力，因此，當你的孩子不確定某種關係是否是「好朋友」時，讓孩子談談與那個朋友相處後的感受會很有幫助。

如果孩子高度依賴同齡的朋友，即使處於有害的關係中也會袒護對方，可能會認為：「他雖然有些地方不太好，但了解過後就會發現他其實人還不錯。」這也是友誼的特點，即使沒有大聲說出來，好朋友之間也會默默傳達「我喜歡和你在一起」和「我們一起玩」之類的訊息。因此，懂得如何與朋友交流，並在事後觀察自己的感受，對於了解關係的真實狀態非常有用。

英文「toxic friendship」（有毒的友誼）指的是不健康的同儕關係，意思是友誼有時弊大於利，就像吃了有毒的食物一樣。典型的例子包括有條件的對話，例如「如果你這樣做，我就不會再和你來往了」，或是貶低孩子自尊並讓他聽話的對話。那些標榜「建議」，實際上卻指責缺點或以此鼓勵不良行為的朋友，都是應該警惕的人，因為這段關係只是透過取悅對方來維持，而且是建立在害怕失去朋友的恐懼上，所以在一起的時間越多，孩子就越容易陷入混亂的情緒中。我們接著要來看看，如果孩子有個特別要好的朋友，但父母可以察覺到這段關係存在許多危險信號時，應該如何應對。

方法① 改變有毒的關係

當孩子遭受同儕壓力時，父母應該記住，另一個孩子也是不知道如何建立健康的關係，否則稍有不慎，就可能會對一個不成熟的孩子做出過度情緒化的反應，並失去將有毒關係轉化為健康關係的機會。我們沒有能力或權力來控制其他家庭的孩子如何對待我們的孩子，因此，即使父母出面指出別家孩子的錯誤，問題行為也很難立即糾正，或只能暫時改善而無法長期維持。

所以我們也要教子女在朋友關係以外的其他人際交流中，如實地表達自己的負面情緒，要教他們適當的溝通方法，例如：

「當時聽到你說的話，其實心情有點不好。能再說一遍那句話是什麼意思嗎？」

「除了我以外又重新開了個聊天群組，感覺有點疏遠。你對我有什麼不滿嗎？」

像這樣教導旨在恢復關係、不受情緒偏見影響的表達方式。這時候，不僅要練習自己想說的話，還要一邊照鏡子、一邊用自信的聲音和表情來表達，這樣會更有幫助。有些人粗魯地對待朋友，是為了獲得控制權，而不是出於惡意，因此在這種情況下，只須表現出堅定的非語言反應就可以改變關係氣氛。

方法② 理解不是所有友誼都是永遠的

然而，如果這些努力不能改善有毒的關係，甚至情況惡化，就必須堅決放棄這段友誼。此時大人最好積極介入，並杜絕對孩子情緒產生負面影響的行為，例如習慣性說謊或主動霸凌。這時候最重要的事情，就是先幫助孩子認清關係中的問題，如果父母沒有搞清楚狀況就倉促干預，孩子可能會因為試圖保護朋友而沒有如實表達感受。因此在這個階段，可以引用繪本或電影，那些鞏固友誼的正面故事正是最好的例子。

不健康的友誼會對孩子的情緒造成壓力，讓他們心情浮躁，陷入不安的狀態。因此，在許多情況下，這些關係中的孩子會表現出問題行為。這種時候，與其指責自己的孩子或其他孩子，不如先幫孩子釐清造成問題的原因。例如，與其說「和〇〇在一起，只學到不好的東西。從今天起禁止使用手機」，不如說「最近看你和○○在一起，回來好像常常不開心的樣子」，如此一來，孩子自己會回顧，反思這段友誼對生活有什麼影響。當孩子想要與朋友保持距離時，最好一起思考如何明智地做到。特別是讓孩子了解並非所有的友誼都會持續一輩子，在對他人友好的同時也要保持適當距離，萬一將來結束關係時，心裡也比較不會產生愧疚感。

如果是同班同學，由於在結束關係後仍然必須天天見面，因此可能需要導師的協助，尋求環境上的隔離；或是以忙碌的行程或其他外部因素來慢慢拉開距離，以避免對方反感，這可能是一種比較婉轉結束關係的方法。從長遠來看，提前分享如何處理未來可能出現的尷尬情況，也會有幫助。例如平常可以和不同的同學一起吃飯，不要總是固定和同一個人；或是想想若與同學起爭執後，在學校裡不期而遇時該怎麼辦。讓孩子預先有個心理準備，就可以避免在意外的時刻單方面受到傷害。

即使彼此之間沒有特別的負面影響，隨著時間推移，友誼也可能會漸漸淡了。就算是相處很久的好朋友，隨著價值觀、興趣改變，也很可能會漸行漸遠。這時可以告訴孩子，即使關係不像以前那麼親密，但如果在心裡仍互相支持，也是一種維持關係的方式，這會有助於緩解孩子可能感到的失落。因此，許多美國父母鼓勵孩子從小就參加學校、社區、社團等各種社交活動，以免只執著於一種關係。隨著孩子成長，關係難免會發生變化，所以在孩子幼年時期就先讓他們了解有各種不同的群體，即使未來與其中某個群體的關係淡化或消失，在其他群體內的社交互動仍會維持，甚至可能變得更密切。

好好吵架也是一種能力

當父母看到孩子每天與兄弟姊妹吵架或與同儕爭執時，就會不耐煩，懷疑自己的教養方式是否有問題。父母擔心經常打架會傷感情，有時會大聲訓斥：「別吵了！回自己房間去！」然而，強行分開孩子並不能解決所有問題，沒有衝突也不一定意味著理想的關係。人與人之間的溝通過程中有時會出現衝突，這是一種自然現象，所以如果根本沒有衝突，那很可能是因為一方對另一方不感興趣或隱藏了自己的感受，直到負荷不了而爆發。學期開始，我就告訴家長，我要教會孩子「吵架的能力」，而不是抱持不切實際的願望，妄想創造一個孩子們從不起爭執的班級。當然，這裡所說的「吵架」並不意味著造成身體傷害或暴力行為。有些家長教導孩子，「如果你被打了，不要坐著不動，也要打回去」，貫徹「以牙還牙，以眼還眼」的精神。但這種心態不僅對解決問題沒有幫助，往往還會造成傷害。那麼到底什麼是真正的吵架能力？又該如何培養呢？

技能① 把握問題的焦點

善於吵架的孩子，最大的特點就是對問題的理解能力非常出色。當面對某種情況時，人們本能地進入情緒狀態，一旦理性變得模糊，就很難清楚思考，而語氣或臉部表情等外在表現更可能造成額外的衝突。

為了防止這種情況發生，重要的是要正確識別衝突的原因，並管理負面情緒，以免蔓延到其他次要的問題上。尤其是年幼的孩子傾向於關注眼前的情況，例如，在課間休息期間被朋友撞到肩膀，孩子可能會在自己受到傷害的事實上花費更多的情感能量，而不是試圖理解原因。然而，必須了解問題才能做出適當反應。如果是因為不小心而碰撞，只要好好安撫雙方，並提醒下次小心點就可以了；但如果對方的行為是來自於過去累積的不滿，就需要老師的介入、導正。因此，在美國小學課堂上，孩子們被教導面對衝突情況時，做出反應之前先暫停一下，進行一次「精神回顧」（mental rewind）。在這個練習中，引導孩子回想起自己和朋友之間最近的五次互動，這是為了防止孩子過度陷入當下的問題。當孩子回顧與朋友長期相處的過程時，當下的問題輪廓就會變得比較清晰。

技能②｜查找最佳解決方案

同儕關係中出現的大多數問題都可以透過多種方式解決，重點是培養在其中選出最佳解決方案的能力。然而，孩子常常會衝動地跟隨腦海中出現的第一個想法。美國小學課堂上經常使用「棒球場問題解決圖」，作為鼓勵孩子設計多種解決方案的絕佳工具。在課堂上，會使用一塊像棒球場一樣的方形板子，若沒有道具，就直接在腦海中描繪一個棒球場也行。

活動進行方式如下：首先，孩子將手指放在本壘作為起點，討論「問題的原因」；之後，依照一、二、三壘的順序移動，每到一個壘包，就要說說自己可以採取的行動，只要一、二、三壘跑完，至少就有三個不同的方案。最後，好好思考「最好的方案是什麼？」，再奔向本壘。在這過程中，會針對不同方案提出質疑並修正，自然就有防止衝動反應的作用。此外，使用5W1H的原則，也可以幫助解決問題。例如，多數學生都搶著想玩拼圖，就可以參考以下的解決方法。

- 誰：想玩拼圖的孩子們

- 何時：在下課時間輪流
- 如何做：每人玩十五分鐘
- 做什麼：可以設定十五分鐘的鬧鐘

制定這些計劃，不僅有助於聚焦在重點上，而且透過集體成員共同決定每個項目，增加達到大家都滿意的可能性。

技能③｜有效的溝通

即使找出了問題的原因，也找到了合適的解決方案，但如果缺乏有效溝通的能力，也很難解決衝突。特別是像衝動指責對方，或只憑自己的感受就懷疑對方這類充滿情緒的爭執，很容易使問題變得更糟。「好的爭論」不是大聲地拋出情緒，而是要拿出有用的論點來解決問題。因此，與其告訴孩子「不要和朋友打架」，不如教他們具體的溝通技巧。

聚焦在對方行為造成的影響

在衝突時，若想讓對方傾聽自己的不滿，第一個技巧是「針對行為，而不是對方這個人」。舉例來說，「你是一個非常壞又自私的孩子」和「你現在對朋友使用暴力，表明你沒有顧慮到別人」之間有很大的區別。評斷對方性格的說話方式會讓對方充滿負面情緒，引發反彈的念頭：「你算什麼東西？敢評判我？」但若指出行為本身的問題，則會讓對方反過來思考自己的言行是否真的不妥。

應避免諸如「你總是撒謊」和「你總是說些什麼」之類的極端表達方式，因為這些都是讓情況惡化的典型對話模式。即使對方多次重複同樣的錯誤，也最好避免使用概括錯誤的詞語，例如「每天、總是、從不」，因為這會將問題推向極端。因此，在美國的學校，解決同儕衝突時，建議使用「傳達訊息」的方式，明確表達對方的行為對自己情緒的影響。這是一種透過提出抱怨來溝通的方式，例如告訴對方「當你推我的肩膀（對方的行為）時，我覺得不舒服，我想知道你是不是故意的（我的感受）」，藉此將對方的行為與自己的感受連在一起。這些以解決問題為中心的表達方式，增加了對方傾聽說話內容的可能性。

不找藉口，用真心

只顧著說自己想說的，卻不聽對方的意見，這樣勢必會讓爭論變得更激烈，尤其是頻頻打斷對方來為自己辯解時更是如此。不過，找藉口迴避對自己的言行負責，還把對方說成像是沒有同理心的人，這是典型否定對方的說話方式。雖然辯解是為了替自己的行為增加正當性，主張自己應該被理解，但這種方式應該盡量避免。然而，許多家長卻在不知不覺中這麼做，說出「對不起媽媽沒能遵守諾言，但是我工作實在太忙了」、「對不起，爸爸發了脾氣，但是因為我實在太累了」，在承認錯誤的同時也為自己辯解，這樣並不是真誠的道歉。當你需要向孩子表達真誠的情感時，建議表現出承認「對不起，是我的錯」的態度，不要找藉口。在這樣耳濡目染之下長大的孩子，日後若與朋友發生衝突，也不會害怕真誠地道歉，因為他從小就學習到，在一段關係中，為自己的錯誤承擔責任並道歉，比掩飾錯誤更為重要。

知道問題輕重的孩子

「老師，秀雅踩到了我的腳趾，還不道歉。」學生紅著臉咕噥地說出朋友的錯誤；或者，因為「橘子上面還有一條白色的纖維沒有剝掉」這樣一點小事，卻好像天要塌了一樣。孩子有時會有些誇張的反應，父母也想知道為什麼孩子會這樣，其中最大的原因往往是無法正確理解問題的嚴重程度。我們每天的生活就像天氣一樣，突發狀況難以預測或控制，常常會讓人尷尬、措手不及；特別是以孩子來說，他們尚未累積經驗，臨場反應力還不夠，處理問題的能力也不成熟。好消息是，在我們的日常生活中，孩子們面臨的現實問題往往比他們意識到的要小。因此，只要幫助孩子正確看待問題的嚴重性，就可以減少對小事極度悲傷或高興的失衡反應。

確定問題的輕重

我們生活中遇到的問題大致可以分為三類：小、中、大。在這裡，我們討論的是孩子可以自己解決的小問題。每次向老師報告詳細的衝突，例如折斷的鉛筆或不小心撞到朋友，都可能對人際關係產生負面影響。因此，培養小學低年級的人際力，最終目標是讓孩子獨立解決小問題。然而，孩子往往習慣讓父母介入，輕鬆地取得他們需要的東西或解決衝突。只要說一聲「好渴」，水就會出現在眼前；或是喊一聲「好熱」，就換作大風扇。當然，身為父母，有必要考慮孩子的需求，但培養孩子自己解決小問題的意志力也同樣重要。

在小學課堂中被認為是中等規模問題的情況，通常會涉及教師或其他值得信賴的合作夥伴，這包括試圖自行解決與同學的爭執卻失敗、打翻了牛奶弄濕衣服，以及遺失重要物品等。隨著孩子成長，獨立解決問題的能力也提高，曾經被視為中等規模的問題可能會變成小問題。例如，孩子在操場上摔倒，膝蓋流血，一年級的孩子需要老師幫助，而中學生則會自己去保健室消毒擦藥。

當然，對於小問題的反應較小，對於中等規模的問題自然需要中等強度的反應。對於小學低年級的孩子來說，與其硬性地教他們遵循規則，不如幽默地展示給他們看，讓孩子們透過情境遊戲，有機會間接體驗到自己比例失衡的反應會讓對方感到多麼尷尬。這可以提供機會，讓孩子檢視自己每天應對問題的態度。

接著就來看看所謂的大問題。在美國，會教小學生使用三種技能來辨別大問題。首先，有人受到身體傷害嗎？其次，有人從事危險行為嗎？第三，是否有人故意造成傷害？如果這三個問題中，有一個答案是肯定的，那就是大問題，需要大人迅速干預。童年是一個自我中心思維很強烈的時期，因此提供像以上的明確基準，可以避免孩子對情境加入太多主觀想法，造成過度詮釋。另一方面，在人員重傷、火災、校園暴力等風險較大的情況下，有必要採取適當的因應措施。如果不認識問題的嚴重性，想要像處理小問題一樣自行解決，肯定會面臨威脅，解決問題就會變得困難。

在教導如何思考問題的嚴重程度以及怎麼適當應對之後，最好提供機會練習，透過各種場景區分差異。特別是可以運用在學校實際可能發生的情況為例，例如最喜歡的文具遺失時，或是當朋友幫孩子取了個他不喜歡的綽號時，提前教導孩子如何適當應對這些狀況。對於國小低年級或更小的孩子，可以用老鼠、貓咪、牛等動物來比喻小、中、大問題，例如「小老鼠問題」、「像貓咪那麼大的問題」、「大公牛問題」。

在培養辨別問題大小的能力時，父母必須特別努力不要淡化孩子的感受。看到孩子因為襪子皺而大聲哭泣，父母很容易說：「沒什麼大不了的，為什麼哭？」但是，如果孩子不同意，這就只是父母的意見罷了。如果父母這樣輕忽問題，孩子就會表現出內心隱藏沉重負擔的傾向。所以在這種情況下，透過詢問、傾聽孩子的意見來開啟對話會更有效，父母可以鼓勵孩子發問：「我很沮喪，因為我的襪子皺了。皺褶是多大尺寸的問題？」然後，透過提出具體的替代方案來讓孩子選擇，例如：「如果你想去除皺摺，可以脫下來用熨斗燙或灑一點水、拉平整。如果你不想這樣做，那就去衣櫃裡找其他襪子穿怎麼樣？」像這樣提出具體的對策，給予選擇權，才能提高獨立解決問題的能力，這比立即快速糾正行為更有價值。

成功的關鍵，培養靈活性

天才科學家愛因斯坦曾留下一句名言：「評估一個人智力高低不是藉由知識，而是想像力。」被稱為遺傳學之父的達爾文，也強調靈活性，他說道：「最終能生存下來的物種，不是最強的，也不是最聰明的，而是最能適應改變的物種。」

他們共同強調「變化的能力」與用新方法解決問題的創意態度直接相關，因此在學業和社會生活中也具備重要作用。閱讀、寫作、數學等教育的主要科目，全都要求靈活的思考能力。例如，閱讀英語需要接受這樣一個事實：字母會根據其用法而有多種發音；至於寫作，則需要應用文法和例外情況。尤其是科學和數學是尋求以多種方式證明相同問題的學科，因此離不開靈活的思考能力。

孩子為什麼那麼不靈活？

平均而言，孩子四歲左右，在玩耍時開始表現出一定的靈活性，例如放棄還沒有輪到的朋友，或者接受自己不能總是站在隊伍前面的事實。然而，不可否認的是，靈活性也受到孩子性格的影響。有些孩子即使沒有特殊指導也能夠不費力地展現出這種能力，但也有一些孩子在發展靈活性方面特別困難。

美國媽媽們看到天生靈活、容易適應的孩子，會用「蒲公英」（dandelions）來形容，因為他們就像隨風自由飛翔的蒲公英種子一樣，適應力很強。對於這種性格的孩子，需要父母的幫助來培養自主性和自我保護能力。

另一方面，對變化反應敏感又比較固執的孩子被稱為「蘭花型」（orchids）。靈活性較低的孩子即使對很小的壓力也會做出很大的反應，而且通常需要一些時間來適應新環境。例如，因為最喜歡的紅碗打破了，不得不用藍碗吃飯；或者外出計劃因天氣而被臨時打亂了等等，孩子很容易會因此而心情受影響。不幸的是，這種傾向也可能會引起同儕衝突。例如在玩捉人遊戲時，如果各隊的人數不同就會覺得不公平；在玩積木時也會堅持組成自己想要的形狀，因而造成無法溝通的誤會。

專家指出，許多身體感覺敏感的孩子都是「蘭花型」，並表示「控制」是這種傾向的核心。孩子對光、噪音和觸摸等世界上的刺激越敏感，就越需要制定自己的規則來盡量降低不適。像這樣，當我們能理解孩子看似固執的行為，實際上是他為了讓自己能更適應環境的本能時，就會了解應該幫助孩子增進應對突發狀況的靈活性，而非一味地控制孩子。當然，幫助這些孩子提升靈活性，需要大量的時間和耐心。

父母看到孩子因為最愛的紅碗破了而哭泣時，通常都會想趕快買一個新碗，但在這種時候，孩子真正需要的不是滿足他的需求。相反地，父母應該藉此讓孩子打破「一定要用紅碗」的刻板印象，跳脫出來給孩子一些建議，例如告訴孩子：「先嘗試用藍色的碗吃飯，三天後再告訴我你的感覺。」或是說：「在買新的紅碗之前，你先從其他的碗中選一個來用吧。」引導孩子一步步面對問題，孩子會逐漸發現眼前的情況或許並沒有想像中那麼嚴重。

靈活從父母開始

「老師，我記得我小時候不擅長這個。」看著孩子們談論三、四年前發生的事情，並強調那是往事，我笑了。也許這些過去的歲月對孩子來說，已經是很久以前的事了。然而，我們在養育孩子的過程中，不時會忘了孩子在這個世界的生命是那麼短暫，因而抱持過高的期望。例如，我帶著孩子去旅行是為了玩，但他卻因為腿痛而抱怨；或者他把最近買的玩具丟在一旁，又要另一個玩具，每當這些時候，我都會受不了而大喊：「你到底是想怎樣？」但問題的根本往往不在孩子的行為，而是父母的想法。

大人往往誤以為孩子「基本上」應該都是快樂、聽話的。但是我們一定要記得，孩子也有心情不好、特別失控的時候。因此，除非是絕對需要管教的情況，否則父母也需要靈活地調整自己的期望。例如看到孩子比平常更毛躁、不好好吃飯，就想想：「總有這樣的時候。」畢竟對一個剛與朋友吵架而心情不好的孩子叨唸「好好吃飯，不要把食物弄得到處都是」，這麼說並沒有太大的意義。

父母不害怕改變，是培養靈活的孩子的關鍵。例如，遇到了突發狀況，如果父母也能不慌亂表現出正向思維，像是說出「哎呀，我不知道今天超市沒開，沒辦法買東西了。沒關係，那就看看家裡還有什麼食材可以做菜吧」，那麼孩子們也會耳濡目染學習到，當事情沒有按照自己的期望發展時，就是制定新計劃的機會。相反地，如果父母因為變化而容易緊張慌亂，則會讓孩子認為變化是令人擔心焦慮的事。因此，當孩子的日常突然發生變化，首先要冷靜地讓孩子知道接下來會發生的事情以及改變的原因，例如告訴孩子：「媽媽今天去銀行辦事延誤了，所以爸爸來接你，就跟平常一樣，我們先回家吃點心，然後四點再去上鋼琴課。」這樣可以幫助孩子接受狀況。

很難接受改變的孩子會比較容易焦慮，因此他們可能會抱怨或面露不悅。這時，與其責罵孩子「這是沒有辦法的事，你為什麼要生氣」，不如放一點孩子喜歡的音樂或講個有趣的故事來轉移孩子的注意力。此外，製造一些孩子會覺得有趣的特別活動，例如提早回家給孩子一個驚喜，或者在晚餐時讓孩子吃通常早餐才會吃的麥片，也有助於培養對意外之事的正面看法。美國小學經常利用驚喜元素來擴大孩子們的靈活性，例如舉辦驚喜爆米花派對或舉辦「換座位日」，讓孩子練習用愉快的心情，接受原本可能讓人覺得造成不便的變化。

方法① 享受「哇～」

美國公營兒童電視臺PBS Kids播出的《小老虎丹尼》（*Daniel Tiger*）節目，以寓教於樂的故事和容易琅琅上口的音樂而聞名。其中有一集，小老虎丹尼和媽媽、妹妹瑪格麗特在公園散步時，遇到了賣冰淇淋的小販。丹尼開心地選了藍莓冰淇淋，他吃了一口之後，才發現居然有最喜歡的巧克力冰淇淋，他哀嘆道：「我平常最喜歡巧克力口味了，如果早知道我就選巧克力了……」於是媽媽唱了一首歌給為此煩躁的丹尼：「對於現在發生的事，應該享受『哇～』的感覺……」「哇～」在這裡是指有趣、快樂的事。記得這首歌引起我很大的共鳴，因為在教導那些靈活性比較不足的學生時，覺得最可惜的一點，就是當他們對不尋常的事感到不安時，也等於是放棄了可以享受的樂趣。

不喜歡上體育課的山姆也是因缺乏靈活性而無法充分享受「哇～」的學生之一。山姆喜歡自己一個人玩球，對於學習足球的攻防不怎麼感興趣，所以每到體育課時間，山姆都會想出各種藉口留在教室裡。在美國的小學，如果孩子覺得體育課對體力負擔太大，在家人同意的情況下，可以進行其他替代活動，所以山姆的要求並不算奇怪。但是，山姆的爸爸決心要訓練山姆增加靈活性。就這樣，每週四下午，由我擔任山姆爸爸的助理，為山姆上特別的體育課。

「如果你不喜歡在防守位置，不用勉強沒關係，可是如果因為這個原因而放棄體育課就太可惜了。爸爸陪你一起上課，慢慢來沒關係，能做多少就做多少。」

山姆根據爸爸的建議，在自己能掌握的範圍內享受玩球的樂趣，也逐漸感受到以前留在教室時體會不到的快樂。周圍的人也鼓勵他：「雖然害怕體育課，但你還是鼓起了勇氣，很棒！」這讓原本不想上課的理由，成為值得挑戰的事。

山姆看到負責防守的同學，即使被球打中身體也若無其事地拍一拍站起來，心想「就算被球打中，好像也不會很痛」，因而了解之前感受的「恐懼」其實是自我設限。除了像山姆這樣克服心理恐懼的情況之外，即使是生活中的小事，例如「想喝的蘋果汁沒了，只能喝柳橙汁」這類瑣事，也都可以套用同樣的邏輯，幫助孩子發揮靈活性。回想一下，是不是曾經有過這樣的經驗，因為孩子最喜歡的果汁沒了，而讓整個愉快的點心時間都在孩子的哭聲中度過？父母要教導孩子轉念，即使有一些不順心，也要享受當下這一刻。平時有機會就可以用照片或文字記錄下孩子努力發揮靈活性的瞬間，日後一起回憶那些「哇～」的時刻，為生活增添力量。

方法②｜以遊戲培養靈活性

培養靈活性的另一個實用方法，是利用角色扮演遊戲。角色扮演需要發揮想像力，最大的優點是讓人可以暫時成為其他身分，藉此理解不同觀點。特別是當孩子化身為貓咪或超人等自己喜歡的角色時，很容易展現出平常沒有的勇氣，變得更勇於挑戰。

在美國資優小學常使用一種名為「伸縮超人」（super flex）的特別課程，藉此幫助了解孩子的特性。蜜雪兒・加西亞・溫納（Michelle Garcia Winner）創作了這個課程，藉此賦予孩子「超級英雄」的身分，必須打敗「突然出現的反派」，包括了充滿擔心焦慮的「擔心牆」，和喜歡侵犯他人空間的「空間侵略者」等，這些反派都是以應該丟棄的習慣組成的假想角色。其中一個大壞蛋叫做「石頭大腦」，他會限制我們的腦袋，阻礙靈活思考，讓我們的想法變得像石頭一樣僵硬，如果孩子遇到「石頭大腦」，就會無法面對變化。這套課程藉由超級英雄的角色設定讓孩子投入其中，並想像自己打敗那些壞蛋，對於平時很難擺脫自我設限的孩子，也能幫助他們增加接受挑戰的勇氣。

讓孩子用手觸摸堅硬的石頭和柔軟的黏土，藉由感官感受變化來體驗靈活性，對孩子也是很好的刺激。乍看之下，石頭似乎比較堅硬、比較強，但只能維持一種形狀，而柔軟的黏土可以隨意揉捏，改變成各種形狀，能夠讓孩子學習柔軟靈活也是另一種強大的力量。

別給太多指示

「出去玩時都在車裡跟爸爸媽媽吵架」、「昨天我哥哥尿床，被罵了」，每當週末或假期結束後，學生們回到學校上課，老師的耳朵通常會不得安寧。孩子們好像完全沒有過濾器，總是想說什麼說什麼，不論大事小事、自己的事或家人的事，都傾倒而出。無條件信任老師的模樣固然可愛，但另一方面，同樣身為母親的我，心裡也不免擔心自己的小孩會向他的老師轉述什麼樣的故事。

埃斯特．科爾（Ester Cole）曾在加拿大政府營運的家長教育組織擔任會長，他也是兒童心理學家，他指出孩子們這種行為的出發點很單純，也就是向對方共享自己感興趣的事，並創造交流。但是，也不能讓孩子隨便看到人就說「我媽媽喝牛奶就會拉肚子，所以不能喝拿鐵」這種不必要又太過詳細的「資訊」。特別是因為孩子過度暴露家庭成員不願透露的事時，父母可能會驚慌失措，甚至生氣。越是這種時候，就越要記住，孩子是沒有惡意的，他正在學習與世界溝通，這時需要的不是指責，而是教育。

對於這類「說太多」的孩子，需要讓他們了解，與關係密切的人和不熟悉的人，在分享的對話主題上有差異，而且還要讓孩子了解溝通的界限。跟第一次見面的人可以談談天氣，給予基本問候就好；和同班同學，可以聊聊學校生活、喜歡的音樂、藝人、食物的喜好等與個人有關的話題，慢慢去拿捏透露私人訊息的程度。當然，無論怎麼教，還是會有意外說出比較隱私內容的時候，這時，不要急著發火或糾正孩子，可以先轉移話題：「與其說在車上吵架的故事，不如告訴老師這次吃到一個很好吃的冰淇淋，而且還是兔子形狀的冰淇淋，老師一定會覺得很酷。」提出新的主題，然後再和孩子一起回想對話內容，討論哪些是屬於比較隱私的部分。

孩子們還不了解誠實並不等於「傾囊相告」，除了過度分享訊息可能會暴露爸爸媽媽的祕密，年紀越小的孩子，越不會拿捏與同年齡的朋友該分享什麼話題比較好。遇到有沒有喜歡的人、有多少零用錢這類問題，雖然很難說出口，但又常會因為抵不住朋友的糾纏而透露；不然就是說得太多，連朋友「不問也不好奇的事」都說出來。

問題是，受到同儕壓力牽動或曾被排擠的經歷，也會對孩子的自尊產生負面影響。不過，幸好這些情況可以透過提升自我保護能力和非語言表達來改善，但還是要明確區分哪些事情應該坦誠以告，而哪些情況需要有所保留。並教導孩子如何在許多朋友當中，判斷誰是能夠分享內心想法的人，如此一來，就可以避免心靈受到傷害的狀況發生。

驚喜和祕密，有什麼不同？

雖然美國學校教導學生，私密的事只跟親近的人分享就好，但也不建議在群體內只有少數成員擁有共同祕密，以免形成小圈圈，讓某些孩子產生疏離感。不過，在標準模糊的情況下，孩子會難以區分什麼可以說、什麼不該說，以及說話的時機。因此，必須讓孩子了解驚喜和祕密的差異，才能在適當時機與適當的對象進行合適的對話。

這兩個詞乍看之下很類似，但實際上有明顯的區別。首先，驚喜通常是指在短時間內暫時不公開的事，例如，偷偷準備禮物，或是突然傳達考試合格的消息一樣。驚喜的目的通常是為了給某人帶來正向、歡樂的感受，所以常在學校或家庭出現。而祕密的意圖通常是「向特定對象隱瞞某種訊息」，持續時間也會比較長。像是幾個人聚在一起評論某人，但不讓對方知道，那些評論內容就可被定義為「祕密」。

要教導孩子區分祕密和驚喜的差異，可以引導孩子思考「如果這件事讓對方知道了會有什麼反應」、「為什麼那些人要求不能說出去」，讓孩子學習如何拿捏分寸。特別是如果有人要求孩子不要告訴任何人，包括父母，這就是個危險信號。萬一有人對孩子進行不正當的身體接觸，或說了讓孩子心裡不舒服的話，然後以「好孩子會遵守約定」、「男孩子不會去打小報告」為由，要求孩子保密，可能會釀成憾事。所以父母應該要讓孩子知道，即使約定要保密，但某些狀況即使打破約定也絕對不是錯誤。

為此，平時家人之間的對話就要區分驚喜和祕密。例如，比起「幫爸爸買禮物是祕密」這樣模糊的說法，不如詳細告訴孩子意圖：「今天買的禮物是要給爸爸的生日驚喜，所以先不要說出去，等到明天我們就能一起看到爸爸幸福的樣子了。」讓孩子理解為什麼要對親愛的爸爸保密，以及家人之間可以共享哪些類型的事等，避免在無意間使孩子產生混淆。

善意的謊言沒關係嗎？

著有《戳破謊言的祕訣》（*Liespotting: Proven Techniques to Detect Deception*）一書

的心理學家潘蜜拉·梅爾（Pamela Meyer）指出，人類每天都會說謊，少則十次、多則二百次，其中最高頻率出現在與某人第一次見面的最初十分鐘內，平均說謊三次以上。當然，大部分都是為了讓對方心情好，像是稱讚對方「衣服很好看」，另一方面也是一種自我防禦。因此，這類沒有惡意的謊言與其說有害，不如說是社會生活所需的一種交流手段。

但是美國加州大學的一項研究指出，即使是善意的謊言，如果一直反覆，也會帶來負面影響。尤其是在家庭中，父母對待謊言的態度，會給孩子在價值觀的形成帶來很大的影響。不管再怎麼強調正直、誠實，如果父母沒有言行一致，久而久之，孩子就會認為說謊也不算什麼嚴重的錯誤。

更大的問題是說謊的行為會讓憂鬱症和恐慌症狀惡化，危害精神健康。因此，孩子對說謊不以為然的態度會令人擔憂。加拿大麥基爾大學心理學教授維多利亞·泰爾瓦爾（Victoria Talwar），針對九到十一歲兒童進行研究，結果顯示，越少說謊的孩子，自我認知就會越正面。

這代表連孩子也不喜歡自己說謊。因此，不管包含再多的善意，把不是事實的事說得跟真的一樣，依舊是說謊。說多了仍會在對方心裡留下傷痕。那麼，假設不喜歡奶奶送的禮物，但坦率表達會讓最愛自己的奶奶傷心，那該怎麼辦呢？這時應該把重點放在真心表達感謝。如果不喜歡不必執意說：「奶奶送的毛衣是最好的禮物，以後我每天都要穿。」只要抓住真心喜歡的要素表達就好，例如「這是我最喜歡的綠色呢」、「摸起來好溫暖喔」，不需要用善意的謊言，也能表達真心的感謝。

好引導（lead）來自解讀（read）對方

「走，跟著我」，孩子到了自我意識急劇成長的時期，會特別喜歡擔任領導的角色。實際上在孩子喜歡的動畫或書當中，也會發現主角通常都是居於領導的地位。隨著開始意識到「別人眼中的我」是什麼樣子，孩子也逐漸產生想要展現帥氣面貌的欲望。這種時候，就要趁機讓孩子知道，真正的領導者，並不只是單純「帶領大家並握有權力的人」。

對於優秀領導人應該具備的能力，有許多說法，有人認為好的領導人會細心照顧周圍每一個人；也有人認為比起細節，能夠描繪宏觀的藍圖帶領大家才是好的領導人，實在很難定義。但反過來想，對領導的眾多看法，也說明了每個人都有潛力成為領導者。不管是積極、活潑的孩子，或是內向、安靜的孩子，只要能和諧地結合自己與他人的優勢，這樣的領導者，就可以產生協同效應。本書講述到這裡，討論了許多如何讓孩子培養正向個性、情感和人際力溝通技巧的方法，而這樣的孩子，往往也會成為其他孩子「想學習的榜樣」。

方法①｜培養共同的成就、合作精神

好的領導者可以創造組織的凝聚力，相反地，領導者能力薄弱的團體，就很容易因為一點小事造成分裂。韓國的孩子從小就在入學考試之類的眾多競爭中成長，與朋友的關係比起互相引導，更重視比較、勝負。特別是高年級學生，因為更重視課業表現，學習壓力更大，對同儕關係的損害也更大。

《紐約時報》曾引用加拿大麥基爾大學的研究，讓過度求勝欲的負面影響廣為人知。該研究指出，醫學系學生罹患憂鬱症等精神疾病的比例，明顯高於其他科系的學生。其中一名醫學院生在接受訪問時坦言，由於沉迷於競爭中，曾故意向修同一堂課的同學透露錯誤訊息，為的就是讓其他人考差一點。這麼做雖然讓受訪學生考取好成績，卻並未為他自己帶來幸福。專家表示，精神健康及穩定的狀態，只會在好勝心和合作心態達成適當均衡時才能實現。

二〇一一年，教育研究者蓓達・普魯塔（Beata Pluta）進行了一項有趣的研究。她將九到十四歲的孩子分成三個小組，第一項實驗是要求孩子們進行一對一的籃球鬥牛；第二項實驗則讓孩子兩人一組，合作投籃取得分數；第三項實驗，則以二人一組的型式進行二對二籃球比賽。透過這些實驗，分別以直接對抗、兩人合作、合作加上對抗這三種型式，調查孩子的幸福程度。結果顯示，多數孩子在二對二籃球比賽中，「覺得最快樂和最滿足」。如果以打籃球的時間或得分率來看，則是在一對一比賽中獲勝會覺得最有成就感。這項研究最讓人意外的是，從孩子們的回答可以發現，為達成共同目標而合作的過程，可以創造出正向能量。

社會上大部分工作，基本上不管用什麼方式都免不了要與他人建立關係、進行合作，因此，與其將周圍的人都視為競爭對手，或要求每件事都要「第一」，不如把焦點放在追求共同發展的合作效應上。如果把排名視為成功的唯一標準，會很容易失去重要的關係，久而久之就只剩下自己一人了。因此，為了建立健康的競爭意識，不要把他人當作目標，而是要把「過去的自己」視為需要超越的對象。就像打籃球時，不要計較每次的勝負，應該把重點放在提升自我，例如關注自己能投進幾顆球，並努力讓一次比一次更好。

像這樣重視個人發展的文化，從美國學校的成績單上也能輕易看出。與韓國不同，美國並不會用班級排名為基礎來劃分成績等級，而是以「成長顯著」、「成長較弱」作為評價。這樣不僅可以避免「我必須比別人好才是成功」的錯誤比較意識，並延伸為「你我都做得很好，我們大家一起進步」的合作心態。另外還可以激發想法、鼓勵提出意見，培養領導力。韓國教育長久以來的氛圍雖然無法立即改變，但我想可以從家庭開始，父母不要把焦點放在考試分數和名次，而是幫助孩子建立良性的競爭、有智慧的合作和個人成長，日後與更多不同的人合作，創造幸福。

方法② 鼓勵主動表現

孩子原本都是毫不畏懼地表達自己的想法和感情，但當意識到別人可以藉此評價自己、否定自己時，就陷入對自己的價值觀和各種主張的懷疑之中。由此看來，能夠有自信並不畏懼表達想法，是很勇敢的行為，這代表即使知道主動展現自己，或許會展露弱點，但也同時證明已經克服了恐懼。透過主動表現自己的經驗，孩子可以累積毫不畏懼面對世界的勇氣。就像「要在對的位置，人才會發光」這句話一樣，經過多次嘗試，自信心也會成長。因此，美國小學在進行團體課程時，常會加入訓練領導力的內容。將孩子分組，每個人都有機會擔任小組長，每週向組員簡報這一週來遇到的問題，徵詢組員意見，同時也要安撫協調不同的意見，加強小組長應具備的能力。在這個過程中，孩子也能學習培養對組員產生同理和關懷的領導風範。當然，孩子沒必要一定得成為領導者，擔任助手和協調者的角色同樣也很重要。但是，自己讓出領導的位置，與因為害怕帶領別人而放棄，這二者之間有很大的差異。如果像羅莎·帕克斯、曼德拉（Nelson Mandela）等偉大的領導者，當初因對他人評價的恐懼或缺乏主動展現自我的機會而無法引領世界，恐怕會是人類最大的損失。

全書參考資料，
請掃描QR code

國家圖書館出版品預行編目資料

SEL 社會情緒學習，讓孩子成為人生贏家：做好自我管理、學習人際溝通、培養責任感 / 金昭娫作；馮燕珠譯 . -- 初版 . -- 臺北市：三采文化股份有限公司，2024.06
面； 公分
譯自：결국 해내는 아이는 정서 지능이 다릅니다
ISBN 978-626-358-399-3（平裝）

1.CST：情緒教育 2.CST：自我肯定
3.CST：信心訓練

521.18　　113005965

◎封面圖片提供：
iStock.com ／ tora-nosuke

suncolor 三采文化

親子共學堂 44

SEL 社會情緒學習，讓孩子成為人生贏家：
做好自我管理、學習人際溝通、培養責任感

作者｜金昭娫（김소연）　審訂｜楊俐容　譯者｜馮燕珠
編輯三部副總編輯｜喬郁珊　編輯｜王惠民　版權選書｜孔奕涵
美術主編｜藍秀婷　美術副主編｜謝孃瑩　封面設計｜莊馥如　版型設計｜新鑫電腦排版工作室
內頁編排｜新鑫電腦排版工作室　校對｜周貝桂

發行人｜張輝明　總編輯長｜曾雅青　發行所｜三采文化股份有限公司
地址｜台北市內湖區瑞光路 513 巷 33 號 8 樓
傳訊｜TEL: (02) 8797-1234　FAX: (02) 8797-1688　網址｜www.suncolor.com.tw
郵政劃撥｜帳號：14319060　戶名：三采文化股份有限公司
本版發行｜2024 年 6 月 28 日　定價｜NT$420

결국 해내는 아이는 정서 지능이 다릅니다